JN023920

Lesen wir die Welt auf Deutsch!

DAIGI Yuta

ドイツ語の世界を読む

大喜祐太［著］

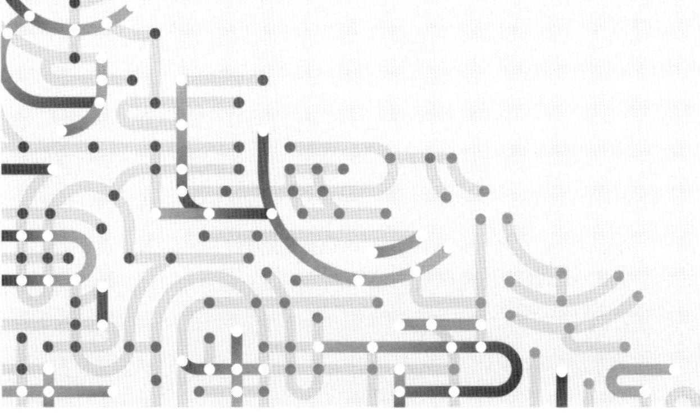

白水社

写真提供：pixabay（14, 18, 22, 41上, 115, 132下, 143ページ）
Aline Leiter（128, 130ページ）
古川智偉（99ページ）
武田はづき（132ページ上）
上記以外の写真は著者撮影
装丁・本文レイアウト：志岐デザイン事務所

はじめに

Die beste Bildung findet ein gescheiter Mensch auf Reisen.
「最上の教育を、賢者は旅の途上で見つける。」

ゲーテ『ヴィルヘルム・マイスターの修行時代』第5巻第2章、ヴェルナーからヴィルヘルムへの手紙の中で

インターネットを通じて、自分が居る場所から遠く離れた国や地域の映像やテクストに瞬時にアクセスできるようになり、現地に足を運ばなくても多くの情報を入手することは容易になりました。

それでも、実際に体験してみないとわからないこともたくさんあります。牛の鳴き声を聞いて思い浮かんでくるチューリヒ国際空港のモノレール。シナモンの香りで思い出されるハイデルベルクのクリスマスマーケット。新たな地で経験するちょっとだけ非日常なできごとの積み重ねは、最上の教育とは言わないまでも、体系的な知識を構成する一つ一つの断片になり得ます。

19世紀に流行した「教養小説」(Bildungsroman) の代表例であるゲーテの『ヴィルヘルム・マイスターの修行時代』は、旅や各地での滞在を通して一人の人物が成長する姿を描いています。数々の出会いが人間の人格形成にとって最も重要な役割を果たすと言えるかもしれません。

「アルプスの少女ハイジ」で有名なスイスの作家ヨハンナ・シュピーリ (Johanna Spyri, 1827-1901) もまたゲーテの愛読者でした。ドイツ語の原作である『ハイジの修行・遍歴時代』(Heidis Lehr- und Wanderjahre) はタイトルからしてもゲーテの作品から大きな影響を受けています。ハイジは、アルプスの山の中での生活で、おじいさんやペーターと一緒に学び、そしてそこからフランクフルトへと旅立ち、読み書きや礼儀作法から始まって、様々な教養を身につけていきます。さらに大事なことに、ハイジはもう一度アルプスに戻ってからも、これまで学んだことを生かして自分自身が成長するだけでなく、周りの人々に幸せを与えていきます。

ヴィルヘルムやハイジが見つけたように、学びのきっかけは日々の暮らしの中にも溢れています。この本では、街や日常生活でよく目にするテクストを読み、ドイツ語圏の文化の理解を深めることを目指します。もちろん、実際に訪れる場所で体験するできごとには敵わないかもしれませんが、この本を通してドイツ語圏の地域の多様性に触れることによって、みなさんの旅の準備をお手伝いすることができれば幸いです。

2023年春

著　者

ドイツ語の世界を読む

目次

第3部 深める

Deutsch

第1部

歩く

ドイツ語圏の気候 ❶

01 ミュンヘンの気候

荷物を準備するときから、すでに旅は始まっているかもしれません。スーツケースにつめる服や靴、帽子や雨具など。慣れない場所で困らないように、事前に旅行先の天気を知っておく必要がありますね。一年を通して、ドイツの気候はどのようになっているでしょうか。

読んでみよう

Das Wetter in München ist relativ wechselhaft. Die Alpen im Süden der Stadt sind für die häufige Föhnwetterlage verantwortlich, wodurch warme, trockene Luft nach München gelangt. An diesen Tagen ist der Himmel strahlend blau und in der Ferne sind die Alpen wunderbar zu erkennen. München ist zwar eine der südlichsten deutschen Städte, es liegt aber immerhin 500m über dem Meeresspiegel, was ein Grund dafür ist, dass es auch die schneereichste Stadt Deutschlands ist.

● https://www.muenchen.de/freizeit/wetter-aktuell-muenchen.html

語彙

wechselhaft「変わりやすい、一定しない」／**für** + 4格 **verantwortlich sein**「～に対して責任がある」／**Wetterlage**「天候、気象状況」／**trocken**「乾いている」／ **gelangt** < langen「～に達する」／**über dem Meeresspiegel**「海抜」

文法

● zu不定詞

sein + zu不定詞の熟語的表現は、受動的な「可能」や「義務」の意味となり、「～されうる、～されなければならない」と理解することができます。文中の ... und in der Ferne sind die Alpen wunderbar zu erkennenは、「アルプスがはっきりと視認されうる」ということなので、「遠くのアルプスまで驚くほど鮮明に見渡すことができる」と訳すのがよいでしょう。

●相関接続詞

zwar ..., aber ...「～だが、しかし～」のように、副詞と接続詞が呼応して特定の意味を持つものを相関接続詞と呼びます。他にも、nicht ..., sondern ...「～でなく、～」や、nicht nur ..., sondern auch...「～だけでなく、～もまた」のようなものもあります。日常的にもよく使用されますので覚えておきましょう。また、同じ文中でundの重複を避けるために、A und B sowie Cのような表現もよく出てきます。

解説

ドイツの国土は南北に拡がっています。日本の気候から類推すると、ドイツも南が温暖で、北の方は寒いのだろうとなんとなく考えてしまいがちではないでしょうか。実際にはドイツの冬は、北部では暖流の影響で比較的暖かく、南の標高の高い地域では寒くなります。本文にもある通り、ミュンヘンはドイツでも最も南に位置する都市のうちの一つであるものの、海抜500メートルを越える標高の高いところに位置し、かつ内陸部であるため、寒い雪の日も多く観測されます。一方で夏の気候はと言うと、Föhnwetterlage「フェーンの天候」がアルプス山脈付近の天気を特徴づけています。アルプスの南側（地中海側）から吹いてくる湿った風は山脈の南側に雨を降らせ、アルプスを越えると暖かく乾いた風をミュンヘンなどのアルプス北側の街にもたらします。

日本でも、山脈の風下側の地域で気温が上昇することを「フェーン現象」と呼びます。語源辞典によれば、Föhn「フェーン」という語は「山から吹きおろす強い風」（Fallwind）を意味し、すでに10世紀ごろから使用されており、のちに気象用語として私たちにも馴染みのある語になったようです。このFöhn（もしくはFöhnwind）の風はヨハンナ・シュピーリの『アルプスの少女ハイジ』（正確には『ハイジの修行・遍歴時代』Heidis Lehr- und Wanderjahre）にも記述があります。ヤギ使いのペーターの住む簡素な山小屋は、麓の村から少し離れたところにありますが、山頂付近への途上のやや窪んだところに建てられています。その辺りではFöhnが強く吹き荒れるため、もしアルプスの上の方に建てられているとしたら、谷の方へ落っこちてしまうだろうと記されています。アルプス山脈の北側、アルプスライン渓谷（Alpenrheintal）にあるマイエンフェルト（Maienfeld）という街が『ハイジ』の舞台です。この地域に住む人々にとってFöhnはやや過酷な生活環境を作り出していると言えますが、スイスのアルプス以南の地域にはどのような影響を与えているでしょうか。アルプスの南側であるティチーノ州（イタリア語圏スイス）は、冬でも比較的温暖な気候です。この風によってアルプスの北側は雪が多く降る一方で、南側ではむしろその恩恵を受けて暖かい気候となります。

さらに、Föhnから転用された語にFön「ドライヤー」があります。元々はSanitasという会社が1909年に製造したドライヤーの商標であったものが一般的に使用されるようになったそうです（MünchenのDeutsches Museumのサイトより）。一般的には、ドライヤーにはHaartrockner「ヘアドライヤー」が使われますが、Fön（もしくはFöhn）の語もよく使用されます。

訳例

ミュンヘンの天気は比較的変わりやすい。街の南にあるアルプスによって、フェーンの天候となることが多いが、それ（フェーン）は暖かく乾いた空気をミュンヘンにもたらす。こうした日には、空は澄み渡り、遠くのアルプスまで驚くほど鮮明に見渡すことができる。ミュンヘンはドイツでは最も南にある街の一つであるものの、それでも海抜500メートルのところに位置しており、そのため、ドイツの中で最も雪の多い街でもある。

ドイツ語圏の気候 ❷

02 ベルリンの気候

先ほどドイツ語圏南部の冬は比較的厳しく、ドイツ語圏北部の地域では暖流の影響で温暖であると説明しました。実際のところ、ドイツ北部に位置するベルリンの冬はどのような天気なのでしょうか。

読んでみよう

Berlin-Wetter im Winter

Der Berliner Winter ist meist sehr regenreich. Berlin hat rund 106 Regentage pro Jahr, die durchschnittliche Niederschlagsmenge beträgt im Jahr 581mm, und am meisten regnet es in den Wintermonaten November, Dezember und Januar.

Januar und Februar sind mit Durchschnittstemperaturen von 0,6 und 0,3 Grad Celsius am kältesten. Schnee fällt meist nur wenig und er schmilzt bald.

Unangenehm und bitterkalt kann es werden, wenn im Winter kalte Luftströmungen aus dem Osten kaum abgemildert auf die Stadt treffen. Gefürchtet sind auch Perioden, in denen der Winterhimmel tagelang Grau in Grau bleibt. Wer es übersteht, wird mit klaren Wintertagen unter herrlich blauem Himmel belohnt.

Klima in Berlin

Aufgrund seiner östlichen Lage wird das Wetter in Berlin vom Übergang von der maritimen zur kontinentalen Klimazone geprägt. Die Jahresdurchschnittstemperatur in der Berliner Innenstadt liegt bei rund 10 Grad Celsius. Berlin gehört damit zu den wärmsten Gebieten Deutschlands. Die großen Grünanlagen wie der zentrale Tiergarten oder der Grunewald sorgen für die frische Berliner Luft.

● https://www.berlin.de/tourismus/infos/1760833-1721039-wetter-vorhersage-und-klima.html

語彙

regenreich「雨が多い」／**durchschnittlich**「平均的な」／**Niederschlagsmenge**「降水量」／**Durchschnittstemperatur**「平均気温」／**schmelzen**「（熱などで）溶ける」／**abgemildert** < abmildern「和らげる、緩和する」の過去分詞／**gefürchtet** < fürchten「～を恐れる」

文法

●形容詞の最上級

最上級には（1）「am + 最上級 -en」と（2）「定冠詞 + 最上級 -e（n）」の2つの形があり、ここではam kältesten「最も寒い」が（1）のamを使った形容詞の最上級として出てきています。（2）の定冠詞を用いる用法は、zu den wärmsten Gebieten Deutschlands「ドイツでも最も暖かい地域」のように使用されたり、先のミュンヘンに関する文章でも、München ist zwar eine der südlichsten deutschen Städte, ...「ミュンヘンはドイツの最も南に位置する街の一つである」のように（2）が使われたりしています。

寒波で水面が氷に覆われたシュプレー川（博物館島 Museumsinselの近く）

解説

ベルリンの冬は、やや雨が多いものの、比較的温暖であるようです。海洋性と大陸性の中間くらいの気候で、年間平均降水量は581ミリメートルです。東京の年間平均降水量が1500ミリメートルくらいであることを考えればベルリンの降水量はそれほど多くありません。一年のうち106日は雨の日 (Regentage) で、11月から1月の期間に集中しているようですので、何となくベルリンの冬は厚い雲に覆われた天気なのだろうということが推測できます。平均すると東京も同じくらいの雨の日数であるようですが、むしろ秋から冬にかけては晴れの日が続きますよね。ベルリンの気温については、最も寒い1、2月でも平均気温は0度前後で、ミュンヘンと比較すると降雪も少なく、雪が降ったとしても積もることは滅多にありません。ただし、東から寒気が流れ込むときには大雪となることもあります。2010年の冬に旅行した時には、ヨーロッパに寒波が押し寄せ、ベルリンの中心部を流れるシュプレー川が凍っていました。本文にもある通り、まさに「どんよりとした」(Grau in Grau) 天気の日が続いていました。

一年を通して見てみると、ベルリンはドイツの中でも最も暖かい地域に含まれます。ティーアガルテン (Tiergarten) やグルーネヴァルト (Grunewald) といった公園や森などの緑が多くあり、ベルリンは都会らしさとのどかな雰囲気を併せ持っています。本文の最後の「ベルリンの風」(Berliner Luft) というのは、オーケストラの名曲のタイトルであるとともに、ベルリンの温和な気候と自由な雰囲気を象徴しているようです。

訳例

冬のベルリンの天気

ベルリンの冬はとても雨が多い。ベルリンは一年でおよそ106日、雨の日があり、一年間の平均降水量は581ミリメートルである。そして、最も雨が降るのは11月、12月、1月である。

1月と2月には最も寒くなり、平均気温はそれぞれ0.6度と0.3度となる。雪が降ることはほとんどなく、降ってもすぐに解ける。

冬に東からの冷たい風が和らぐ前に街に届くときにはひどい寒さになる。心配なのは、冬の空に一日中どんよりした天気が続くときである。その天気を乗り越えた人は、素晴らしい青空の下で冬の日の恩恵を受けることができる。

ベルリンの気候

ベルリンの天候は、東寄りに位置していることによって、海洋性から大陸性の間の気候区分の影響下にある。ベルリン中心部の年間平均気温は10度前後である。そのため、ベルリンはドイツで最も温暖な地域の一つである。中心部のティーアガルテンやグルーネヴァルトなどの広大な緑地は、ベルリンにさわやかな空気を提供してくれる。

03 ドイツ語圏の四季 ❶ 4月の天気

Deutsch

ドイツ語にはAprilwetterということばがあります。直訳すると、「4月の天気」ということになりますね。日本では、4月と言えば桜や若葉とともに暖かさも増す穏やかな春の季節を想像しますが、ドイツの4月はどのような天気なのでしょうか。

読んでみよう

April, April - der macht, was er will! - Wenn sich das Wetter in kurzer Zeit ändert, dann bezeichnet man das als Aprilwetter. Sonnenschein, dicke Wolken und Schauer wechseln sich dabei rasch ab. Doch Aprilwetter kann es auch in anderen Monaten geben.

Unter Aprilwetter versteht man sehr wechselhaftes Wetter in relativ kurzen Zeitabschnitten. Auf Sonnenschein folgen Wolken, die kurze Regen-, Schnee- oder Graupelschauer hinterlassen. Danach schaut die Sonne wieder heraus und das Spiel beginnt von Neuem. Oft begleiten lebhafte Winde meist aus Nordwest bis Nord den raschen Wechsel.

Im April ist die Sonne schon recht stark, sodass man im T-Shirt die Wärme draußen genießen kann. Von einem Moment auf den anderen ziehen dunkle Wolken auf, es kühlt merklich ab und man muss sich vor einem kräftigen Schnee- oder Graupelschauer in Sicherheit bringen. Oft gesellen sich auch Blitz und Donner dazu. Warme und sonnige Phasen ringen mit kalten und nassen um die Vorherrschaft.

● https://www.wetteronline.de/wetterlexikon/aprilwetter

語彙

A als B bezeichnen「AをBと呼ぶ」／**sich abwechseln**「交代する」／**A unter B verstehen**「Bという概念をAのように理解する」／**hinterlassen**「後に残す」／**herausschauen**「姿を見せる」／**aufziehen**「近づいてくる、現れる」／**von einem Moment auf den anderen**「一瞬のうちに」／**um die Vorherrschaft ringen**「覇権をめぐって争う」

解説

冒頭の „April, April - der macht, was er will!“ は、「4月、4月はしたいことを何でもする！」という意味です。日本では温和な4月は、ドイツでは移ろいやすい勝手気ままな天気になります。

太陽の輝き（Sonnenschein）に包まれていたかと思えば、すぐに厚い雲（dicke Wolken）に覆われ、にわか雨（Schauer）に変わる。こんな天気の時には虹（Regenbogen）を見ることもできます。このように、Aprilwetter「4月の天気」というのは、1日のあいだに目まぐるしく変わる天気のことを指します。本文にも、Doch Aprilwetter kann es auch in anderen Monaten geben.「しかし、4月の天気は他の月にも起こりうる」とある通り、Heute ist Aprilwetter.「今日の天気は変わりやすいなあ」というように、4月以外でも使うことがあります。助動詞のkönnenは「～できる」のように能力を表すことも多くありますが、ここでは「～することもある」という「可能性」の文脈で理解するのがよさそうです。

天気を表す用語には、「快晴」（schönes Wetter）、「雨」（Regen）、「雲、曇り」（Wolke）、「雪」（Schnee）、「雹、あられ」（Hagel）、「霧」（Nagel）などがあり、本文にはGraupelschauer「激しいあられ」というのも出てきます。「嵐」（Sturm）の時には、「稲光」（Blitz）や「かみなり」（Donner）も見られますね。形式主語を用いた、„Es scheint." や „Es ist sonnig (klar)."「天気が良い（快晴である）」などのフレーズも覚えておきましょう。

西ヨーロッパに位置するドイツをさらに俯瞰的に見ると、北半球の比較的高緯度にあることがわかります。先にもドイツ南部の代表的な都市として挙げたミュンヘンでも、札幌より北にあります（ミュンヘンは北緯48度8分で、札幌は43度3分です）。冬の日照時間は短いものの、4月頃には段々と日差しが強くなってきます。そのため、Tシャツで過ごせるほどの暑い日になるかと思えば、突然寒さが増して雪が降り出したり、嵐になったりすることさえあるようです。

訳例

4月、4月はしたいことを何でもする。短い時間で天気が変わることを、「4月の天気」と呼ぶ。晴天、厚い雲、にわか雨と即座に移り変わる。しかし、4月の天気は他の月にも起こりうる。

4月の天気というのは、比較的短時間で非常に不順な天候のことを意味する。晴天の後、雲が発生し、短い雨や雪、激しいあられが降る。その後、再び太陽が顔を出すと、また同じような天気が繰り返される。主に北西や北からの活発な風によって、天気は急激に変化する。

4月はもう日差しがかなり強いため、外ではTシャツ一枚でも十分に暖かい。ある瞬間から暗雲が立ち込め、みるみるうちに冷え込み、大雪やみぞれから避難しなければならなくなる。雷や稲妻も一緒に伴うことが多い。温暖で晴天の多い局面と、寒冷で雨の多い局面が覇権をめぐって争うことになる。

読んでみよう

April! April!
Der weiß nicht, was er will.
Bald lacht der Himmel klar und rein,
Bald schaun die Wolken düster drein,
Bald Regen und bald Sonnenschein!
Was sind mir das für Sachen,
Mit Weinen und mit Lachen
Ein solch Gesaus zu machen!
April! April!
Der weiß nicht, was er will.

O weh! O weh!
Nun kommt er gar mit Schnee!
Und schneit mir in den Blütenbaum,
In all den Frühlingswiegentraum!
Ganz greulich ist's, man glaubt es kaum:
Heut Frost und gestern Hitze,
Heut Reif und morgen Blitze;
Das sind so seine Witze.
O weh! O weh!
Nun kommt er gar mit Schnee!

Hurra! Hurra!
Der Frühling ist doch da!
Und kriegt der raue Wintersmann
Auch seinen Freund, den Nordwind, an
Und wehrt er sich, so gut er kann,
Es soll ihm nicht gelingen;
Denn alle Knospen springen,
Und alle Vöglein singen.
Hurra! Hurra!
Der Frühling ist doch da!

April, Heinrich Seidel（1842-1906）

2番目の文章は、ドイツの技術者で詩人でもあったHeinrich Seidel（1842-1906）が編んだ„April“というタイトルの詩です。この詩の中では、まさに先ほどのAprilwetterのことが詠まれているのですが、「4月」に対してはわがままというよりも、自分自身でも何をしたいのかわからない荒くれ者のようなイメージが与えられていますね。

変わりやすい4月の天気は春の訪れを告げるシグナルでもあります。最後の節にあるDer Frühling ist doch da!はまさにそのことを表現しています。やがて4月が過ぎて、その後やってくるMaienluft「5月の風」は穏やかな「春の風」を指します。他にも、Er steht im Mai des Lebens.「彼は人生の春にいる」のように5月を花々の咲きほこる春の季節、活気に溢れる期間に形容する表現は多くあります。また、複数形でよく使われるFrühlingsgefühleは少し浮かれた「春の気分」のことですが、恋愛感情や恋心などと訳すことができます。

語彙

dreinschauen「～のような様子をしている」／**düster**「薄暗い」／**was sind das für Sachen**「なんということだろうか」／**Gesause**「ざわめき」／**greulich**「恐ろしい」／**Frost**「寒さ」／**Reif**「霜」／**raue**「荒々しい」／**sich wehren**「身を守る、逆らう」／**Knospe**「つぼみ」

訳例

4月、4月。
彼は自分が何を望んでいるのかわかっていない。
ある時は澄み切った空、ある時はどんよりとした雲、ある時は雨、ある時は晴れ。
なんということだろうか。泣いたり笑ったりしてこんなに騒ぐのは。
4月、4月。
彼は自分が何を望んでいるのかわかっていない。

嗚呼、嗚呼。
今度は雪と一緒にやってくる。
そして、春の子守唄の夢の中で、花の木に雪が降る。
恐ろしくて、とても信じられないかもしれない。
今日は寒さ、昨日は暑さ、今日は霜、明日は雷。これは彼の冗談だ。
嗚呼、嗚呼。
今度は雪と一緒にやってくる。

万歳、万歳。
春はそこまで来ている。
この冬の荒くれ者は、友人の北風も身にまとうことができるのか。
そして、精一杯の反撃に出る。それもうまくいくことはない。
つぼみははじけ、小鳥たちは歌っているから。
万歳、万歳。
春はそこまで来ている。

04 ドイツ語圏の四季 ❷ プールと日光浴

Deutsch

ドイツを含むヨーロッパの国々のほとんどがSommerzeit「サマータイム、夏時間」を採用しています。Zeitumstellung「時間の調節」とも呼びます。このサマータイムがドイツ（ドイツ帝国）とオーストリア（オーストリア＝ハンガリー帝国）で最初に導入されたのは、第一次世界大戦中の1916年です。当時は3月の終わりから9月の終わりまで、時計の針を1時間早めるというものでした。サマータイムの導入には賛否両論あるものの、ドイツ語圏の人々は長い夏の一日を謳歌します。そんな季節にとりわけ大事にされているのは、Freibadkulturです。直訳すれば、「屋外プール文化」ですが、いったいFreibadkulturとは、どのようなものでしょうか。

読んでみよう

das Freibad

„Kommst du mit ins Freibad?“ - Diese Frage hört man nur im Sommer. Denn fürs Freibad muss es warm sein. Wenn die Sonne scheint und die Temperaturen steigen, haben viele Leute Lust zu baden und zu schwimmen. Mit Freunden gehen sie dann ans Meer oder zum Badesee. Wenn aber weder ein Strand noch ein See in der Nähe ist, dann gehen sie ins Freibad: ein Schwimmbad ohne Dach und Haus, aber mit Bademeister und einem richtigen Becken.

Morgens ist es im Freibad meistens noch leer und ruhig - nur ein paar Rentner schwimmen im Becken. Aber am frühen Nachmittag wird es langsam voller: Dann kommen die Kinder nach der Schule hierher. Sie suchen sich einen Platz auf der Wiese, legen ihr Badehandtuch auf das Gras und springen ins Wasser. Es wird laut und lustig im Freibad. Man kann Eis, Pommes und Getränke kaufen. Im Wasser und auf der Wiese wird Ball gespielt. Der Bademeister öffnet das Drei-Meter-Brett und es entsteht schnell eine lange Schlange. Alle wollen zeigen, wie sie von da oben ins Wasser springen.

Melanie Helmers, „das Freibad“, Presse und Sprache, Juli 2017, S.6

語彙

Freibad「屋外プール」／**Badesee**「水泳できる湖」／**Bademeister**「プールの監視員」／**Becken**「プール、貯水槽」／**Rentner**「年金生活者」／**Drei-Meter-Brett**「（3メートルの高さの）飛び込み台」

解説

Freibad「屋外プール」は、語源的には形容詞のfrei「自由な」とSchwimmbad「水泳プール」のBadから造られた単語です。Eintritt「入場料」がfrei「無料」なのではなく、「遮るものがない、外の」という意味でfreiだということですね。1841年にフライブルク (Freiburg im Breisgau) にドイツで最初のFreibadであるdas Lorettobad Freiburgができたそうです。暖かくて長い夏の日にはFreibadで泳いだり、日光浴したりするのが好まれます。舗装された人工のプール（貯水槽）だけでなく、川や湖に設営されたFreibadもよく見受けられます。本文にも、Sie suchen sich einen Platz auf der Wiese, legen ihr Badehandtuch auf das Gras und springen ins Wasser. Es wird laut und lustig im Freibad. Man kann Eis, Pommes und Getränke kaufen. とあるように、単に水泳を楽しむだけでなく、芝生にタオルを拡げて友だちとおしゃべりしたり、アイスやスナックを食べたりする時間もFreibadkulturを構成する一部となっています。

訳例

「屋外プールに一緒に行かない？」この質問は、夏にしか聞くことはない。屋外プールに行くなら、暖かくないといけないからである。晴れて気温が上昇すると、水浴びをしたり、泳ぎたくなったりする人が多い。そのときは友達と一緒に海辺や湖に行く。しかし、近くにビーチも湖もない場合、人々は屋外プールに行く。屋根もビーチハウスもない水泳プールだが、監視員がいて、本物のプールがある。

午前中、屋外プールにはまだ誰もいなくて静かだ。数人の年金生活者がプールで泳いでいるだけである。しかし、午後の早い時間帯になると徐々に混雑してくる。学校帰りの子どもたちが集まってくるのである。芝生の上で自分の場所を探して、バスタオルを敷き、水の中に飛び込む。屋外プールは、賑やかで陽気になってくる。（そこでは）アイスクリームやフライドポテト、飲み物を買うことができる。水中や芝生の上ではボール遊びができる。監視員が3メートルの高さの飛び込み台を開くと、たちまち長い行列ができる。みんな、自分がどれだけ上から水に飛び込むことができるかを見せたいのである。

05 ドイツ語圏の四季 ③ オクトーバーフェスト

Deutsch

ドイツの秋と言えば、「オクトーバーフェスト」(Oktoberfest)が有名ですね。バイエルン州で毎年開催される伝統的な祭りとして知られています。オクトーバーフェストは、文字通り言えば「10月の祭り」ということになりますが、現在では例年9月の中頃から10月の初めに開催されています。やや様式は異なるものの、本物のオクトーバーフェストにあやかって最近では日本でも開催されることがあります。この祭りの際によく目にするのが、Dirndl「ディアンドル」と呼ばれるドイツ語圏南部の伝統衣装です。ここでは、ディアンドルの歴史を見てみましょう。

読んでみよう

Die Geschichte des Dirndls
Die lange Historie einer besonderen Tracht

Das Dirndl hat in seiner Geschichte einen erstaunlichen Wandel vollzogen. Heute gibt es Dirndl in allen Varianten. Die traditionellen Modelle, die überall in Bayern verbreitet sind, die Mini-Dirndl in Neonfarben, die vor allem Touristinnen vorenthalten sind und sogar exklusive Haute-Couture-Dirndl, bei denen es preislich keine Obergrenze gibt. Früher hingegen waren Dirndl reine Arbeitskleidung und mussten vor allem eines sein: praktisch.

Warum jede Frau im Dirndl gut aussieht

Das Dirndl ist kein Kleid wie alle anderen. Es steht für die Liebe zur Tradition, für Brauchtum und ein ganz besonderes Lebensgefühl. Und: Jede Frau schaut darin gut aus. Kein Wunder also, dass das Dirndl so beliebt ist. Früher allerdings wurde das Trachtenkleid nicht wegen seiner optischen Vorzüge getragen, sondern aus anderen Gründen.

Die Geschichte des Dirndls:
Heute Festtagsgewand, früher Arbeitskluft

Die Bezeichnung Dirndl leitet sich von dem Begriff „Diernen“ ab. So wurden im 19. Jahrhundert die Mägde bezeichnet, die auf den Bauernhöfen in Bayern und Österreich arbeiteten. Ihr typisches Arbeitsgewand sah so aus: Über das Hemd kam das „Leiblgwand". Dieses kennen wir heute als Dirndlkleid. Über dem Kleid wurde eine Schürze getragen, die mit den edlen Modellen von heute wenig zu tun hatte. Statt Samt und Seide wurde in der damaligen Zeit Bettwäsche verwendet, um die Schürzen herzustellen. Hatte man Glück, war das Muster nicht völlig geschmacklos. Blumen- und Rankenmuster tauchten naturgemäß manchmal auf, aber die meisten Dirndlschürzen waren schlicht und einfarbig. „Ein Kleid, sie zu knechten" — damals war es tatsächlich so. Anders als heute ging es mit dem Dirndl eben nicht auf die Wiesn oder zum Volksfest, sondern zum Saubermachen, zur Stallarbeit und aufs Feld.

● https://www.oktoberfest.de/dirndl-tracht/dirndl-geschichte-so-begann-der-hype-ums-trachtenkleid

語彙

erstaunlich「驚くべき」／**vollziehen**「実行する、遂行する」／**verbreitet** < verbreitenの過去分詞形「広く行き渡る、普及する」／**Vorzug**「利点、メリット」／**Magd**「女中、メイド」／**Bauernhof**「農場」／**Gewand**「衣服」／**Schürze**「エプロン」／**damalig**「当時の」／**herstellen**「作る、製品に作り上げる」／**Muster**「範型、柄」／**Ranke**「蔓」／**auftauchen**「現れる、姿を現す」／**schlicht**「質素な」／**Stall**「家畜小屋」

解説

オクトーバーフェストは、1810年ごろ始まったと言われていて、ミュンヘンにあるTheresienwiese（テレーゼの芝生、緑地）、地元の人々の呼び名では、本文にもある通りWiesn（バイエルン方言でWieseの意味）という場所で行なわれます。この祭りは、バイエルン国王の息子、ルートヴィヒ（後のルートヴィヒ1世）とザクセン＝ヒルトブルクハウゼン公の娘テレーゼの結婚式に端を発しています。結婚式は1810年10月12日で、その後10月17日に結婚の祝祭（競馬Pferdrennen）がTheresienwieseで行なわれました。二人の結婚式ということであればその一度で終わるはずですが、当時の人々の意見はもう一度祭りを行なうということで一致し、ナポレオン戦争やコレラの流行、独仏戦争などによる中止を乗り越えて、現代でも、ミュンヘン市民だけでなく、世界中からの観光客で賑わうバイエルンの一大イベントとなっています。

オクトーバーフェストでは、Bierzelt（仮設のビアホール）と呼ばれるビールを楽しむテント会場が有名ですが、祭りの期間中には移動遊園地なども出現し、子どもから大人まで楽しめるようになっています。最近では、日本でも「オクトーバーフェスト in ○○」のように、ミュンヘンの祭りに着想を得た、ビアガーデンのようなビール祭りが各地で開催されていますね。

オクトーバーフェストなどのドイツ語圏の伝統的な祭りの際には、Tracht（伝統的な衣装）が着用されます。Trachtは「衣服、衣装」という意味ですが、特定の身分や時代、地方に代表される伝統衣装を指すことが多いです。男性はLederhose「革の半ズボン」を着用します。バイエルン方言ではLoferlと呼ばれます。女性の多くが着るのはDirndlです。現在では地方や街によってデザインが異なるほか、夏用や冬用など、季節によってもデザインが少し変わり、バリエーションも豊富です。しかし、本文にもある通り、本来Dirndlは農家の女性の作業着(Arbeitskleidung) であったものです。Dirndlの語源は、„Dirnen“ もしくは „Dirne“ です。Klugeの語源辞典によると、この語自体はDiener「給仕」と関係があるようですが、古い時代にはDirneは「女中」(Dienerin) ではなくもっぱら「乙女、若い娘」を意味し、その後「召使」(Dienerあるいは Knecht) のような意味も当てられるようになったそうです。現代の標準ドイツ語の用法では、Dirneには「売春婦」などの意味もあるようですが、方言では現在でも「乙女」の意味で用いられています。このDirneにバイエルン方言の指小接尾辞（標準ドイツ語の -chenの代わりに -lを付ける）が付いた形がDirndlで、Dirndlkleidとも呼ばれます。女性の仕事着であったDirndlですが、1930年代には、休暇のために山を訪れた都会の女性の間でもこのDirndlが流行しました。その後、劇などの衣装としても採用され、当該地方の女性の伝統衣装の代名詞となっていったのです。本文のStatt Samt und Seide wurde in der damaligen Zeit Bettwäsche verwendet, um die Schürzen herzustellen. のところでは、statt Samt und Seide「ベルベットやシルクの代わりに」と訳すことができるでしょう。in Samt und Seideのように、前置詞inとの組み合わせで使われる場合には「晴れ着姿で」という意味の熟語表現になります。色や素材、デザインにしても、Dirndlが複数の選択肢を持つような衣服になったのは最近のことのようです。

訳例

ディアンドルの歴史

特別な衣装の長い歴史

ディアンドルは、その歴史の中で驚くべき変貌を遂げてきた。今日、ディアンドルにはあらゆるバリエーションがある。バイエルン州にはどこでも普及しているような伝統的なモデルから、主に観光客向けに用意されたネオンカラーのミニディアンドル、さらには価格の上限のない高級なオートクチュールのディアンドルまで、さまざまなモデルがある。しかし、かつてディアンドルは純粋な作業着であり、何よりも必要とされたのは、実用的であるということであった。

なぜすべての女性にディアンドルが似合うのか

ディアンドルは他のどのドレスとも異なる。それは、伝統への愛や、慣習、生への特別な気概を表している。そして、どんな女性でも似合う。だから、ディアンドルが愛されているのも驚くべきことではない。しかし、かつてこの伝統的なドレスは、その視覚的な利点のためではなく、別の理由で着用されていたのである。

ディアンドルの歴史：現在は祝祭の服、かつては労働の服

Dirndlの語源は „Diernen“ である。19世紀、バイエルンやオーストリアの農場で働いていたメイドのことを指している。彼女らの典型的な作業着がこのような見た目であった。シャツの上に、

このドレス (Leiblgwand) を着用した。これが現在ではディアンドルドレスとして知られている。ドレスの上にはエプロンを着用し、今日の高級なモデルとはほとんど関係がない。ベルベットやシルクの代わりに、当時はベッドリネンを使ってエプロンを作っていた。運が良ければ、完全に悪趣味な柄になってしまうというわけではなかった。花や蔓の柄も当然登場してくるが、ディアンドルのエプロンの多くは、無地や単色だった。「彼女たちを抑圧するためのドレス」。確かに当時はそうだった。ディアンドルは現代と違って、オクトーバーフェストや伝統的な祭りではなく、掃除や厩舎、畑に出るときに着ていくものだった。

ミュンヘンのオクトーバーフェストの賑わい

06 ドイツ語圏の四季 ❹ ラクレット

Deutsch

ドイツ語圏やヨーロッパの冬と言えば、みなさんは何を思い浮かべるでしょうか。アドヴェント（Advent）やクリスマス（Weihnachten）といった伝統的な行事に関連したクリスマスマーケット（Weihnachtsmarkt）やグリューワイン（Glühwein）などを思い浮かべる人も多いかもしれませんね。そんな寒空の日には体の芯まで温まる料理が欠かせません。ここでは、スイスの代表的なチーズ料理を見てみましょう。

読んでみよう

Léon, ein Walliser Winzer – so besagt die Legende – hat das Raclette erfunden. An einem kalten Tag erwärmte Léon ein Stück Käse über dem offenen Holzfeuer und genoss den geschmolzenen Käse. Geboren war das urtypische Walliser Gericht. Ein Gericht, das seither weit über die Landesgrenzen hinaus für Furore gesorgt hat.

Bereits im Jahr 1574 war das Käseschmelzen im Wallis bekannt. Den Namen Raclette bekam der Käse aber offiziell erst im Jahr 1874. Raclette wurde vom Wort „racler" abgeleitet und heisst im einheimischen französischen Dialekt so viel wie „schaben". Schaben aus dem Grund, weil der Käse nach dem Schmelzen über dem Feuer vom Käselaib sanft abgestrichen oder eben „geschabt" wird.

Der Walliser Käse kann seit dem 4. Jahrhundert v. Chr. nachgewiesen werden. Während der Römerzeit war der Alpkäse berühmt. Zwischen dem 14. und 19. Jahrhundert wurde der Käse häufig sogar als Zahlungsmittel, Arbeitsentgelt oder als Exportprodukt genutzt. Raclette du Valais AOP wird noch heute nach einem altüberlieferten Rezept hergestellt.

● https://www.raclette-du-valais.ch/raclette-du-valais/geschichte-herkunft

語彙

besagen「述べる」／**erfunden** < erfinden「発明する、創作する」／**erwärmen**「あたためる、熱する」／**seither**「それ以来」／**weit über die Landesgrenzen hinaus**「国境をはるかに越えて」／**für Furore sorgen**「物議を醸す、話題となる」／**abstreichen**「拭いとる、はぎ取る」／

nachgewiesen < nachweisen「証明する、実証する」／ **altüberliefert**「古来の、昔ながらの」

解説

フランス語圏スイスのヴァレー州 (Canton du Valais) は、ドイツ語では Kanton Wallis と呼ばれます。州人口（約35万人）の半数以上はフランス語話者ですが、たとえばツェルマット (Zermatt) などの観光地では、ドイツ語が話されており、ヴァレー州にはドイツ語話者も多く住んでいます。スイスで話されている方言、スイスドイツ語は、上部ドイツ語 (Oberdeutsch) の中でも、アレマン方言 (Alemannisch) に属します。ヴァレー州で使用される「ヴァリス方言」(Walliserdeutsch) も大きな区分ではアレマン方言に含まれるものの、チューリヒ方言やベルン方言などの「高地アレマン方言」(Hochalemannisch) ではなく、「最高地アレマン方言」(Höchstalemannisch) に分類され、語彙や音韻などの点で、高地アレマン方言とは異なる特徴を持っています。

「ラクレット」(Raclette) はスイスを代表するチーズ料理で、ヴァレー州で誕生したと言われています。1880年に書かれた『ハイジの修行・遍歴時代』の中でも、ハイジがおじいさんのところにやってきた日に、Raclette という語自体は出てこないものの、チーズをあたためて溶かした食事をおじいさんがハイジにふるまうシーンが出てきます。

本文に出てくる AOP とは、フランス語の Appellation d'Origine Protégée（保護生産地証明）を略したもので、ドイツ語では geschützte Ursprungsbezeichnung と呼ばれます。伝統的には、皮ごと茹でたジャガイモ (Pellkartoffeln) に溶かしたラクレットチーズをかけて食べます。最近では、鉄板の上でパプリカなどの野菜や肉を一緒に焼くことのできる家庭用のラクレット器も普及しています。

半円のラクレットチーズの断面を溶かし、表層を削り取って食べます。

訳例

ヴァレー州のワイン生産者、レオン (Léon) という名前の人物がラクレットを発明した。そのように、伝説では言われている。ある寒い日、レオンは薪の火で一片のチーズを熱して、とろけるチーズを堪能した。この時、ヴァレー州の代表的な料理の元祖が誕生したのである。それ以来、国境をはるかに越えて賞賛を受けることになる料理である。

ヴァレー州では、1574年にはすでに、溶かしたチーズが知られていた。そのチーズがラクレットの名前を冠されることになるのは、正式には1874年になってからである。ラクレットは、"racler"という語が由来となっていて、その地方のフランス語の方言で「削る」を意味する。削るという名前がついているのは、火で溶かした後、チーズがチーズ本体の固まりからそっとこすり取られ、「削ぎ落とされる」からである。

ヴァレー州のチーズは、紀元前4世紀までさかのぼることができる。ローマ時代には、アルプスのチーズが有名であった。14世紀から19世紀にかけて、チーズは支払手段や労働の報酬、あるいは輸出品として使われることもあった。ヴァレー州のラクレット (Raclette du Valais AOP) は、現在でも昔ながらの伝統的なレシピで作られている。

コラム
01

森鷗外記念館

ベルリン中央駅(Berlin Hauptbahnhof)から歩いて10分くらいのところに「森鷗外記念館」(Mori Ôgai Gedenkstätte)があります。軍医として1884年から1888年までドイツに留学していた鷗外は、1887年から1888年までベルリンで過ごしています。この記念館は、鷗外が実際に下宿していたとされる建物の一室にあります。ちなみに、看板の下にあるGehwegschädenの標識によって、歩道に欠損があることが示されていますので、この看板を見たら少し気をつけて歩かなければいけません。「歩道」は、標準ドイツ語ではGehsteigと呼ぶことが多く、スイスでは、フランス語からの借用語であるTrottoirが使われます。

記念碑には、der Mitbegründer der modernen japanischen Literatur, Schriftsteller und Kritikerとあります。Mitbegründerは共同設立者ということですが、ここでは、近代日本文学を確立した人物の一人というような意味ですね。さらに、作家、批評家であったとも記されています。また、erster japanischer Übersetzer des Faust, der Werke Lessings, Kleists und E.T.A. Hoffmannsと書いてあるように、鷗外はゲーテの『ファウスト』や、レッシング、ホフマンの諸著作を最初に日本語に翻訳しました。

森鷗外記念館
MORI ŌGAI
GEDENKSTÄTTE
P

森鷗外
1862－1922
der Mitbegründer
der modernen
japanischen
Literatur
Schriftsteller
und Kritiker
ERSTER JAPANISCHER
ÜBERSETZER DES FAUST,

コラム
02

チューリヒのセクセロイテン

セクセロイテン（Sechseläuten）は、4月の第三月曜日にオペラハウスの前にあるSechseläutenplatzで行なわれる祭りで、チューリヒ州の祝日となっています。スイスドイツ語ではSächsilüüteと呼ばれ、「6時の鐘（もしくはベル）」を意味しています。祭りの起源は諸説あるようですが、冬には日照時間の関係から5時までしか働くことができず、6時から働くことのできる最初の日に鐘を鳴らすことに由来があり、その習慣が春の訪れを告げる祭りへと変わっていったようです。今日では、前週の金曜日から祭りが始まります。写真の通り、週末には同業組合（Zunft）や子供たちの行進があり、最終日（4月の第三月曜日）には、Bööggと呼ばれる巨大な雪男の人形を広場で燃やして祭りを締めくくります。

FELDPAUSC

コラム
03

バーゼルのファスナハト

カーニバルは、イタリア語ではcarnevaleと呼ばれ、「懺悔の火曜日」を意味するようです。民間伝承では、灰の水曜日の前日に、carne vale「肉よ、さようなら」という断食（肉を断つこと）を告げる儀式として説明されます。キリスト教圏各地で行なわれるカーニバルですが、ケルトやゲルマン系の先祖崇拝や冬を追い払う祝祭に起源を持つとも言われています。ドイツ語でもKarneval, Fastnacht, Faschingなど、さまざまな呼称があります。バーゼルのファスナハト（Basler Fasnacht）は、1376年から行なわれている伝統的な祭りで、毎年2月の中旬ごろに三日間開催されます。聖マルティン教会の午前4時の鐘とともに始まるMorgenstreichのパレードでは、写真の通り、仮面を被り仮装した人々がMorgenstreich-Marschという行進曲を奏でて、ランタンを曳きながらバーゼルの街を練り歩きます。

CLUB BARBARA täglig offen ab 19h02
ALTI GARDE d'CLUB vo de SENIORE
Raucher
Nichtraucher
Ce 2 2
Anggebliemli

ドイツ語圏のデザイン ❶ タイポグラフィ

07 標識や広告

Deutsch

ここまではドイツ語圏の地理や気候、風物詩を見てきました。今度はもう少し街の細部を観察していきましょう。一見したところ、何でもない標識や広告に隠れているドイツ語圏の文化を示すものとは何でしょうか。

①

②

③

①international advertising & design database : https://magazines.iaddb.org/issue/GG/1929-02-01/edition/null/page/3

語彙

Aufzug「エレベーター」／**Schrift**「文字、書体」

文法

●2格の用法

ドイツ語の名詞の2格（属格）は、日本語で「～の」という所有の意味になります。そのため、①のDie Schrift unserer Zeitは「私たちの時代の文字（書体）」ということになります。また、前置詞von＋3格目的語を使って、「～の」ということを表現できます。左ページの例では、die Schrift von heute und morgenで「今日と明日の書体」ということですね。

解説

2格の用法を確認したところで、それでは、「私たちの時代の文字」「今日と明日の書体」というキャッチコピーは何を意味しているのでしょうか。ここでは広告の意味だけではなく、「文字」に注目してみましょう。この広告にはFutura（フーツラ）という見出しがついています。これはこの文字（書体）自体の名前です。この書体は、1927年にドイツのPaul Renner（1878-1956）によってデザインされ、フランクフルトのBauersche Gießereiという活字鋳造所から発売されました。ラテン語であるFuturaは、ドイツ語ではZukunft（もしくはFutur）、英語で言えばfutureのことなので、日本語では「未来」の意味になります。1920年代の「バウハウス」(Bauhaus) やモダニズムといった美術史上の潮流の中で生まれ、当時普及していた書体とは一線を画した先進的なデザインで、現在も人気があります。ファッションブランドのロゴから、②のように日常的なサインとしても使用されています。②はショッピングカートを持ったお客さんにエレベーターの場所を示す案内ですね。デザイン性と視認性の高さから、看板やポスターなどで使用されることも多い書体です。

また、この書体は「サンセリフ体（もしくはゴシック文字)」に分類されます（ドイツ規格協会のDIN16518によると、Serifenlose Linear-Antiqua)。サンセリフ体というのは、「セリフ（文字に付けられる飾り）がない書体」ということで、日本では「ゴシック体」と呼ばれることもあります。一方、ドイツで「ゴシック体」と言うと中世盛期ごろに出現したgotische Schriftenのことを指し、日本や英語圏では「ブラックレター」（blackletter）と呼ばれるものを意味します（屈折した文字の形から、gebrochene Schriftenとも)。また、「ドイツ文字」という別名も持っており、③のように、地名やドイツ料理店の看板などで目にすることも多くあります。③の看板は一見すると少し読むのが難しいですね。Gotische Schriftenに分類されるFrakturという書体で、Schiffstraßeと書いてあります。南ドイツの街Freiburgにある通りの名前です。ややfとs（langes sと呼ばれる長いs）の判読がつきにくく、ß（エスツェット）は文字通りs（エス）とz（ツェット）の合字となっています。

コラム
04

チューリヒ・ダダイズム

チューリヒ旧市街の路地Spiegelgasseにある「キャバレーヴォルテール」(Cabaret Voltaire)は、「ダダイズム」の発祥の地であるとされています。ルーマニア出身のトリスタン・ツァラ(Tristan Tzara, 1896-1963)とそのグループは第一次世界大戦中にこの芸術運動を生み出し、1920年にパリに移るまでチューリヒで活動しました。記念碑には、In diesem Haus wurde am 5. Febr. 1916 das Cabaret Voltaire eröffnet und der Dadaismus begründet.「この建物で、1916年2月5日にキャバレーヴォルテールが開店し、ダダイズムが設立された」と記されています。キャバレーヴォルテールは第一次世界大戦後に廃業しますが、21世紀に入ってから、市の財政支援などもあり、同名のギャラリー兼カフェが復活し、コンサートや朗読会などの文化イベントなども行なわれています。

IN DIESEM
HAUS WURDE AM
5. FEBR. 1916 DAS
CABARET VOLTAIRE
ERÖFFNET UND DER
DADAISMUS
BEGRÜNDET

08 ドイツ語圏のプロダクト ❶ スローガン

ポスター

下のポスターは、1964年頃に作られたドイツの自動車会社BMW（Die Bayerische Motoren Werke）の広告です。Freude am Fahrenというスローガンは現在でも使用されていますが、この表現にはどのような想いが込められているのでしょうか。

読んでみよう

Freude am Fahren

1. Neben dem Luxus und der Bequemlichkeit einer großen Reiselimousine bietet der BMW 1800 die Leistungswerte und Fahreigenschaften eines echten Sportwagens. Von Männern und Frauen wird dieser Wagen deshalb gleichermaßen mit Begeisterung gefahren: einerseits aus Liebe zum Komfort und anderseits aus Freude am Fahren.
2. Freude am Wagen, Freude am Fahren

● https://www.bmw.com/de/automotive-life/die-geschichte-des-bmw-slogan.html]

語彙

Bequemlichkeit形容詞の名詞化＜bequem「快適な」／**Leistungswerte**「性能値」／**gleichermaßen**「同様に」／**einerseits..., anderseits...**「一方では〜、他方では〜」

文法

●前置詞

ドイツ語では、前置詞に応じて名詞の格が異なります。たとえば、前置詞vonは3格の名詞や名詞句のみをとる前置詞ですね。Von Männern und FrauenのMänner「男性たち」もFrauen「女性たち」も3格です。複数形3格の場合は、外来語などの例外を除いて、語尾が常に-enで終わることに注意しましょう。Ein Wagen nicht für Männer「男性のためだけではない車」というフレーズのfür Männerは4格です。加えて、3格と4格の両方をとる前置詞があります。3, 4 格支配の前置詞は空間的な位置関係を示す前置詞で、前置詞句が場所を表すときは名詞は3格となる一方、方向を示すときは4 格をとります。本文のNeben dem Luxus und der Bequemlichkeit einer großen Reiselimousine... で使われているnebenは「〜のとなり、〜の横」といった位置関係を表現する前置詞として3格で使われることが多いですが、ここでは「〜に加えて」というように、「付加」の意味になります。

ここで一番印象的な使われ方をしているのはamです。amはan + demの前置詞の融合形です。1964年頃に製作されたこの2つのポスターでは、Freude am Fahrenというのが出てきます。右の広告のFreude am Wagen, Freude am Fahrenでは、両方ともamが使われていますね。Wagen「車」とFahren「運転」に韻が置かれ、強く耳に残るフレーズとなっていますが、それぞれのamは少し用法が違います。1つ目のam Wagenは空間的な使い方です。ひとが車の中にいる様子を想像できます。2つ目のamはam Fahrenで、Fahrenは動詞fahrenの名詞化になっているので、何かに従事しているようなイメージです。ここでは、「運転しているとき、まさに今運転しているところである」のように、よりダイナミックな表現になっています。

解説

このFreude am Fahrenは、1972年からBMWの正式なスローガンとなり、日本語では「駆け抜ける歓び」と訳されています。消費者に対して、ドライブへのワクワク感を掻き立てるフレーズですね。

一方、「メルセデス・ベンツ」（Mercedes-Benz）が2010年頃から採用しているスローガンはDas Beste oder nichts. というもので、同じ自動車会社でも、消費者に与える印象がかなり異なります。das Besteは形容詞の比較級bestを名詞化したもので、英語にすればThe best or nothing. となり、日本語だと「最上のものか、それとも無か」というような感じでしょうか。このスローガンは本来Mercedes-Benz創業者の一人であるGottlieb Daimler（1834-1900）の妥協を許さない性格を表すモットーのようなものであったそうですが、広告に現れると、消費者に対しては「極上のものを所有するか、それともそもそも車を買わないか」というように、消費者に対して強く選択を迫るようなところがあります。

「オペル」(Opel) もまたドイツの有名な自動車会社です。Opelにとっては長らくzuverlässig「信頼できる」というのがキーワードでした。さらに、2007年にはEntdecke Opel「オペルを発見しよう」、2009年からWir leben Autos. というスローガンを採用していました。leben「生きる、生活する」が他動詞として使用されるのは稀で、文法的にはやや逸脱した表現ですが、ただ車に乗るということだけでなく、車は生活の一部であるというニュアンスがありますね。その後、2017年からはDie Zukunft gehört allen.「未来はすべての人々のものである」というものを使用しています。こちらにもFuturaに近い書体が使われていますね。エネルギー転換の目標を強く意識しているヨーロッパで、単に自動車を売るということから、モビリティ全体の意義を変えていくという意図が窺えますが、消費者にはどのように映るでしょうか。gehören「〜のものである」は3格の目的語をとることに注意しておきましょう。

訳例

1. BMW 1800は、大型のツーリング・サルーンの豪華さと快適さに加えて、本物のスポーツカーの性能と走行特性を備えている。そのため、男女を問わず、このクルマを運転する者は同じように熱中できる。一方では快適さの追求、他方では駆け抜ける喜びに基づくものである。

09 ドイツ語圏の産業 ❶ 電気自動車

Deutsch

ドイツ経済を支える自動車産業もまた、サステナビリティを追求する世界的な潮流の中で大規模な変革を迫られています。内燃機関自動車から電気自動車やその他の動力源を用いる自動車へ、どのように移行されていくのでしょうか。

読んでみよう

Anzahl der Elektroautos in Deutschland von 2012 bis 2022

Wie viele Elektroautos gibt es in Deutschland? Die Anzahl an zugelassenen Elektroautos betrug am 1. April 2022 rund 687.200. Abgebildet werden Pkw mit ausschließlich elektrischer Energiequelle (BEV). Je nach Definition werden auch Plug-In-Hybrid-Pkw als Elektroautos gezählt, ihr Bestand belief sich am 1. April 2022 auf etwa 623.000.
Die Zahl der elektrisch angetriebenen Pkw stieg im Verlaufe des Jahres 2021 über die Millionenmarke.

● https://de.statista.com/statistik/daten/studie/265995/umfrage/anzahl-der-elektroautos-in-deutschland/

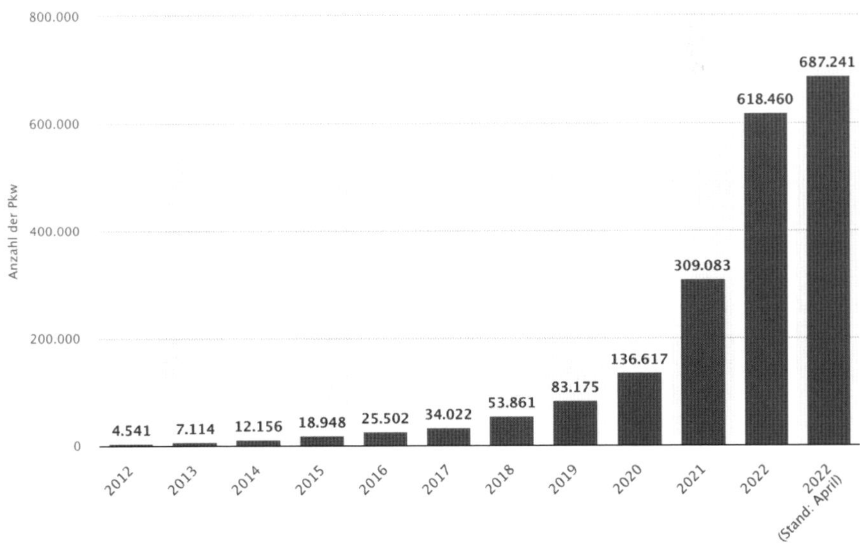

語彙

Elektroauto「電気自動車」／**betragen**「（〜の）数値に達する」／**Pkw** < Personenkraftwagen「乗用車、自家用車」／**abgebildet** < abbilden「描写する、図を描く」の過去分詞形／**Energiequelle**「エネルギー源」／**je nach...**「〜に応じて」／**belief** < sich auf ... belaufen「〜に（費用などが）達する」の過去形／**angetrieben** < antreiben「駆動する」の過去分詞形

文法

●事物の位置関係を示す表現

„Wie viele Elektroautos gibt es in Deutschland?“のように、文章の冒頭でes gibt + 4格「〜がいる、ある」の構文を使って、文章の冒頭で何らかの話題を導入する書き方はよく見られます。直訳すれば「ドイツにはどれくらい電気自動車があるのか（存在するのか）」となりますが、es gibt + 4格の構文を使用することによって、「ドイツの電気自動車」という話題を提供する表現になっています。事物の存在を示したい時には、sein動詞もよく使用されます。たとえば、„Da ist ein Auto.“「そこに車がある」のように目の前にある車について言及したい場合、da + sein動詞の形が使われます。この場合、主語となる名詞句は1格です。より具体的な事物の位置関係を示すためにstehenを使って„Das Auto steht in der Garage.“「その車はガレージにある」のようにも表現できます。他にも、動詞liegenを使用して„Konstanz liegt am Bodensee.“「コンスタンツはボーデン湖沿いにある」というように、空間的な拡がりを表すこともできます。

解説

2021年に、EUは2035年からすべてのガソリン車の販売を禁止することを決定しました。現在では、どれくらいの電気自動車（Elektroauto）がドイツを走っているのでしょうか。2022年4月1日時点で認可されている電気自動車の数は約68万台です。この数は電気モーターのみで走る自動車（BEV）の数が計上されており、ハイブリッド（HV）やプラグインハイブリット（PHEV）は含まれていません。2012年の段階で登録されているのは4541台ですので、10年で約150倍となっていることがわかります。KBA（Kraftfahrt-Bundesamt）「連邦陸運局」によれば、電気自動車を含め、2021年のドイツ国内の年間乗用車登録台数は約262万台で、今のところ内燃機関の自動車が多数派であるのは確かです。とはいえ、電気自動車の登録台数だけでなく、数年のうちでマーケット自体も増大しており、先述したドイツの自動車会社も軒並みBEVの電気自動車を販売し始めています。オペルのDie Zukunft gehört allen.「未来はすべての人々のものである」というスローガンも当然この事情を強く意識しています。

訳例

ドイツにはどれくらいの電気自動車があるのだろうか。2022年4月1日時点で、電気自動車の登録台数は約687,200台である。これにはエネルギー源が電気のみの自動車（BEV）の数が反映されている。定義によっては、プラグインハイブリッド乗用車も電気自動車としてカウントされ、2022年4月1日時点での在庫台数は約623,000台であった。2021年には、電動の乗用車の台数は100万ユーロ規模の市場という大台に乗った。

ドイツにおける電気自動車の充電スタンドは、2022年時点で約30,600拠点（日本は約18,000拠点）

BMWが2014年から2020年まで製造・販売していたPHEVのi8（写真はAuto Zurich Car Show 2014にて）

10 ドイツ語圏の食べ物 ❶

レストランのメニュー

その土地の料理を堪能することは、まさに旅の醍醐味の一つです。レストランに入って、まずは飲み物（Getränke）を頼んだら、前菜（Vorspeise）から選んでいきましょう。次の写真はスイスの独仏バイリンガル地域のフリブール州にあるレストランのもので、メニューは二言語表記になっています。写真は判読しにくいので、メニュー内容を以下に記します。

読んでみよう

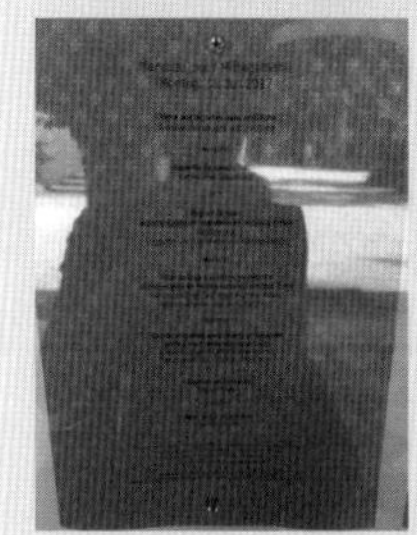

Menu du jour / Mittagsmenü

Montag, 31. Juli 2017

Crème aux légumes avec croûtons
Gemüsecremesuppe mit Croutons
ou / oder
Assiette de salade mêlée
Gemischter Salatteller

\- - -

Ragout de veau
accompagnée de tagliatelle et légumes mêlée
Kalbsragout
begleitet von Tagliatelle und Mischgemüse
ou / oder
Filet de loup à la sauce au paprika
accompagnée de riz de beurre et carottes Vichy
Wolfsbarschfilet auf einer Paprika-Sauce
dazu Butterreis und Vichy Karotten
ou / oder
Cannelloni rempli avec ricotta et épinards
gratiné avec béchamel de tomates
Cannelloni gefüllt mit Ricotta-Spinat
überbacken mit Tomaten-Bechamel

\- - -

Farandole de fromages

Käseauswahl
ou / oder
Créme de jus de pommes
Süssmostcreme

Prix de menu inclus l'eau du château / Menüpreis inkl. Schlosswasser
Menu à 2 plats CHF 29.00, Menu à 3 plats CHF 32.00
2-Gänge Menü CHF 29.00; 3-Gänge Menü CHF 32.00
Prix inclus 8,0% TVA, Preise inkl. 8% MwSt.

Notre viande est de la Suisse et le poisson est d'Europe.
Unser heutiges Fleisch kommt aus der Schweiz und der Fisch kommt aus Europa.

語彙

Vorspeise「前菜」／**Mittagsmenü**「ランチメニュー」／**Gemüse**「野菜」／**Kalbsragout**「子牛のシチュー」／**begleitet** < begleiten「～に伴う、同伴する」の過去分詞形／**Wolfsbarschfilet**「スズキの切り身」／**gefüllt** < füllen「～を満たす、～に詰める」の過去分詞形／**überbacken** < überbacken「さっと焼く」の過去分詞形

文法

●接続法II式

接続法II式の用法には、まず「非現実話法」があり、現実では起こり得ないことを表現することができます。さらに、聞き手に対して丁寧さを示したり、控えめな要求を表したりしたいときにも使用できます。こちらは「外交的用法」と呼びます。

初めて入るレストランや買い物などのシチュエーションでは、これまで面識のない人と会話することになります。その際、敬称のSieで話しかけることはもちろんですが、同時に接続法を駆使して対応してみましょう。たとえば、möchteは助動詞mögenの接続法II式の形で、Ich möchte etwas Leichtes essen.「私は何か軽いものが食べたい」のように、動詞の不定詞と一緒に「願望」を表すことができます。また、動詞を省略して本動詞のように使用することもできます。Ich möchte einen Salat und einen Lachs.「私はサラダとサーモンをいただきたいです」。他にも、まだ何が注文したいのか決まっていなければ、Was würden Sie vorschlagen?「何かおすすめはありますか」と尋ねてみましょう。würdenはwerdenの接続法II式で、聞き手に対してより丁寧な印象を与えます。

解説

ドイツ語には日本語の「いただきます」と合致する表現はありませんが、Guten Appetit「召し上がれ」などは食事をともにする相手に言うほか、レストランのスタッフが食事を提供する際に言ってくれます。

この日のメニューでは、前菜にはGemüsecremesuppe mit Croutons「野菜クリームスープのクルトン添え」かGemischter Salatteller「ミックスサラダ盛り合わせ」を選ぶことができます。前菜に加えて、Hauptgerichte「メインディッシュ」も注文しましょう。Hauptgerichteは、肉、魚、野菜の3種類の料理の中から選べるようです。肉料理は、Kalbsragout begleitet von Tagliatelle und Mischgemüseです。特に、begleitet von ...「〜を伴って」という言い回しは覚えておきましょう。ここでは、子牛のシチューにタリアテッレとミックスサラダが添えられているということですね。ほかにもBeilageという表現もよく使います。メインの料理に添えられる「付け合わせ、添え物」という意味です。肉料理ならば、Lamm「ラム肉、子羊の肉」やGegrilltes Hähnchen「グリルチキン」などもよく食されます。魚料理は、Wolfsbarschfilet auf einer Paprika-Sauce dazu Butterreis und Vichy Karottenです。スズキの切り身にパプリカソースを絡めてあるようです。北部の沿岸部やライン河沿いの地域を除くドイツ語圏、特に内陸部では、魚料理はあまり一般的ではないものの、スズキなどの白身魚やサーモンは日常的に使われる食材です。dazu ...で「さらに〜を加えて」ということなので、バターライスとキャロットヴィシーも付いてくるようです。「キャロットヴィシー」はニンジンのグラッセのようなもので、深めの鍋に薄く切ったニンジンを水（伝統的にはフランスのVichy産の水を使っていたようです）に浸し入れ、バターと砂糖を加えて茹でたものです。最後に、野菜を使った料理は、Canneloni gefüllt mit Ricotta-Spinat überbacken mit Tomaten-Bechamelと書いてあります。リコッタチーズとほうれん草を詰めたカンネッローニ（パスタ）ですね。「トマトとベシャメルのソースでさっと焼く」とあり、このメニューはイタリア料理の定番でもあります。

このように、メインには、肉や魚料理だけでなく、野菜のみを使った料理も用意しているレストランがほとんどです。日本でもそうですが、最近ではvegitarisch「ベジタリアン」のレストランも増えてきました（ちなみに、世界最古のベジタリアン・レストランはチューリヒにある1898年開業のHiltlであると言われています）。菜食主義の人々はVegetarierと呼ばれますが、スイスではよくVegiと略されます。このほかにも、Käseauswahl「お好みのチーズ」もしくはSüssmostcreme「リンゴのムース」も選べるようです。

メニューの下の方には、小さく2-Gänge Menü CHF 29.00; 3-Gänge Menü CHF 32.00とあります。Gänge < Gangは「通路」などと訳されることも多いですが、ここでは「品」の意味です。前菜とメインディッシュ（2品）だけなら29スイスフラン、最後のチーズなども頼む（3品）と32スイスフランということになります。また、そのすぐ上にMenüpreis inkl. Schlosswasser「メニューの値段には城のお水も含む」との記載があります。古城を改装したレストランであるため、ここで採れる水をSchlosswasserと呼んでいますが、この語自体は日常的に頻繁に耳にするも

のではありません（たとえば、Quellwasser「湧水」やGrundwasser「地下水」などの語はよく使われます)。ヨーロッパのレストランでは、お代を取らずに水やお茶が提供されることは稀であるものの、スイスでは水道水をそのまま飲用できることが多いので、食事に飲料水をサービスしてくれる飲食店もよくあります。最後には、Unser heutiges Fleisch kommt aus der Schweiz und der Fisch kommt aus Europa.「私たちが提供する本日の肉はスイス産、魚はヨーロッパ産です」と、お客のために原産地情報を記載しています。

また、写真のメニューには載っていませんが、食後にはデザート（Dessertもしくは Nachspeise, Nachtischとも言います）が欠かせませんね。よく食べられるデザートには、Coupe Dänemarkがあります。そのまま訳すと「デンマーク風アイスクリーム」となりますが、バニラアイスクリームの上に溶かしたSchokolade「チョコレート」をかけるシンプルなデザートです。チョコレートだけでなく、煮詰めたHimbeere「ラズベリー」をかけるHeiße Liebeというデザートも人気です。バニラアイスクリームの上に真っ赤なソースをかけるのでこの名が付けられているようです。

こちらはメニューにも記載のあるGemischter Salattellerです。
一人前でも非常にボリュームがあります。

コラム
05

ETHとUZHの学生食堂

チューリヒ中央駅から歩いて10分くらいのところに、連邦工科大学チューリヒ校があります。ドイツ語での正式名称は、Eidgenössische Technische Hochschule Zürichですが、略してETHもしくはETHZと呼ばれることが多いです。ETHは多くのノーベル賞受賞者を輩出しており、とりわけ有名なのはアルベルト・アインシュタインです。アインシュタインは、このETHと、その隣にあるチューリヒ大学で研究者としてのキャリアを積みました。チューリヒ大学は、ドイツ語ではUniversität Zürichで、UZHと略されます。写真のUZHの本館は、アインシュタインがベルリンに移住したすぐ後に建てられました。

ETHにもUZHにも、Mensa「学生食堂」があります。スイスの物価は世界的にも高いことで知られていますが、Mensaではリーズナブルな値段でお腹を満たすことができます。日替わりランチならば、6.5-7.5 CHFくらいで食べられます。

VIELE WEGE FÜHREN
DURCH ZÜRICH
DAMALS WIE HEUTE

コラム
06

スイス鉄道の発車標

上の写真は、チューリヒ中央駅の発車標です。左上に示されているのは、Fernverkehr「遠距離路線」です。IC（Inter City）とICN（Inter City Neigezug）は、たとえば、チューリヒとジュネーヴなど、スイス国内の主要都市を結ぶ都市間特急です。ICNのNはNeigezugを意味しています。ICNはカーブを通過する際に車体を傾斜させることのできる車両で、通常のICよりも高速走行が可能となっています。IR（Inter Regio）やRE（Regional Express）は、地域内の地方都市を結ぶ路線です。Fernverkehrに対して、S-Bahn「近郊電車」は、都市部で運行されている各駅停車の路線で、ドイツやオーストリアでも同様の呼び方をします。Bemerkungen「注意書き」のところを見ると、一か所だけspäter ca. 5 Min「遅れ約5分」の記載があります。スイス鉄道は、正確にダイヤ通りに運行されることでも有名です。

Fernverkehr
S-Bahn
S-Bahn

Zürich HB
SBB CFF FFS

11 ドイツ語圏のモビリティ チューリヒのトラム

Deutsch

ドイツ語圏の都市では、電車や地下鉄、バスに加えて、トラム（路面電車）もまた市民の日常的な移動手段となっています。ドイツ語圏スイス最大の都市チューリヒでも、便利なトラムは住民たちに愛されています。一方で、近郊電車（S-Bahn）の一部の区間では地下を走っているものの、チューリヒには地下鉄（U-Bahn）がありません。それでは、なぜ地下鉄が存在しないのでしょうか。

読んでみよう

Auf den Zürcher Strassen fuhren im vergangenen Jahr 267 Trams und S-Bahnen, 241 Busse und zwei Seilbahnen – keine einzige U-Bahn. Weshalb gibt es in der Stadt keine U-Bahn? «Simple Antwort: Weil die Zürcher Stimmbürger:innen den Bau einer U-Bahn im Jahr 1973 ablehnten», sagt der Amerikaner Andrew Nash. Die für ihn bessere Antwort schiebt er gleich nach: «Weil Zürich keine U-Bahn braucht!» Nicht nur seien U-Bahnen sehr teuer – dies sei mitunter ein Grund gewesen, weshalb die Stimmbürger:innen die Abstimmung damals ablehnten – sie seien auch weniger praktisch für Benutzer:innen: U-Bahn Haltestellen befänden sich eher in der Nähe der Agglomeration. Zudem würden Treppen den Zugang zu ihnen erschweren. «Zuletzt weiss jede:r, der:die einmal eine Stadt mit einer U-Bahn besucht hat, dass der Strassenverkehr durch eine U-Bahn nicht abnimmt», so der Mobilitätsexperte.

● https://tsri.ch/zh/hasch-gwusst-deshalb-hat-zurich-keine-u-bahn/

語彙

vergangenen < vergehen「過ぎ去る、経過する」の過去分詞／**Seilbahn**「ケーブルカー、ロープウェイ」／**Stimmbürger**「有権者」／**nachschieben**「繰り返して言う」／**mitunter**「時として」／**sich befinden**「～にある、いる」／**Agglomeration**「（Gemeindeよりも単位としてさらに大きい）人口が密集している地域」

解説

ZVV（Zürcher Verkehrsverbund）「チューリヒ州運輸連合」によれば、1973年に住民投票で地下鉄と近郊電車を結ぶ路線を採用することが否決されて、その後1990年にZVVが設立されました。チューリヒ州の公共交通機関（öffentliche Verkehr）を管轄するZVVは、スイスで最も大きな運輸連合で、チューリヒ都市部の交通網を形成するトラムやバスなどを統括するVBZ（Verkehrsbetriebe Zürich）「チューリヒ交通局」もZVVの傘下にあります。1882年にチューリヒで最初の馬車トラム（Rösslitram、標準ドイツ語ではPferdetram）、Tiefenbrunnen – Friedhof Sihlfeldの路線が開通し、その後1894年に現在のような電動のトラムがBellevue – Kreuzplatzの路線を皮切りとして登場しました（ちなみに、電動のトラムが世界で初めて開通したのはベルリンで、1881年のことでした）。現在、VBZの運営によるトラムは14路線で、番号と色がそれぞれの路線に割り当てられ、チューリヒの街に四通八達しています。本文の説明の通り、階段やエスカレーターなどが必要となる地下鉄とは違って、車両に乗るまでに距離や時間がかからないということ以外にも、トラムは路線を延ばす際に比較的コストを抑えることができたり、停留所間の距離を短くできたりする複数のメリットがあります。最近では、二酸化炭素ガスを排出しない電動トラムは、環境にも負担の少ない移動手段として再注目されています。

文法的なところにも注目して読んでみると、本文のAuf den Zürcher Strassen ... のStrasseやZuletzt weiss jede:r... のweiss（動詞wissenの3人称単数形）には、ドイツやオーストリアの書きことばで見られるß（エスツェット）が使われていません。本来ならば、短母音の後ではss、長母音や二重母音の後にくるssはßと表記されるべきことが正書法で定められています。ドイツ語圏のデザインのところでも見た通り、現在でもドイツやオーストリアでは看板や印刷物などにßが使われています。一方、インターネットの記事なども含めて、現在ではスイスで出版されたり、公開されたりする文書にはßはほとんど使用されません。歴史的に見ると、ドイツ語圏スイス各州の学校で1920年頃からドイツの筆記体は使用されなくなり、印刷の際にもドイツ文字の使用が廃止されたと言われています。それに加えて、タイプライターの普及に併せてスイスの公用語の一つであるフランス語にも対応した植字機のキーボードを導入したことに

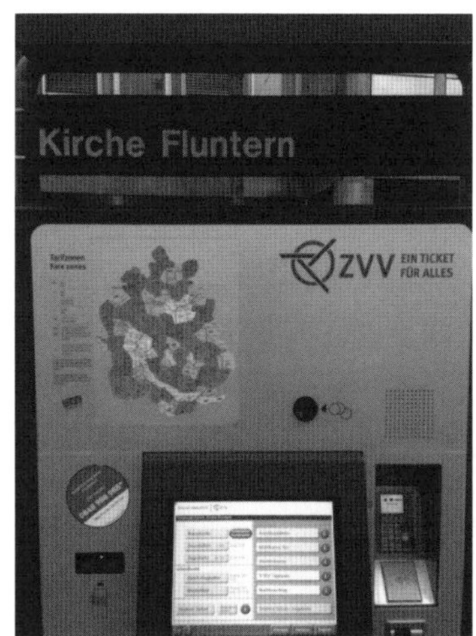

ZVV（Zürcher Verkehrsverbund）の自動券売機と停留所

よって、スイスではßの文字の使用が廃れていきました。それでも、国際的にも認知されているスイスの新聞Neue Zürcher Zeitung（NZZ）などは長らくßを使い続けていましたが、1974年からその使用を廃止しています。また、本文にもあるように、男性名詞と女性名詞の両方を一語で表すStimmbürger:innen「有権者（複数形）」やBenutzer:innen「利用者（複数形）」の„: “「コロン」（Doppelpunkt）の使い方については、ほかにも、Benutzer/innenやBenutzer*innen, Benutzer_innenn, BenutzerInnenなどの表記の仕方があります。

訳例

昨年、チューリヒの街には267本のトラムと近郊電車 (S-Bahn) 、241本のバス、2台のケーブルカーが走っていたが、地下の電車は1本も走っていない。なぜ、街中には地下鉄がないのだろうか。「単純な答えだ。1973年にチューリヒの有権者が地下鉄建設を否決したからだ」。アメリカ人のアンドリュー・ナッシュは言った。そして、「チューリヒに地下鉄は必要ないからだ」と、彼にとってより納得のゆく答えを付け加えた。地下鉄（の建設）が非常に高価であるだろうということだけでなく（このことは当時の有権者が地下鉄を拒否した理由の一つでもあるのだが）、それに加えて利用者にとってはそれほど便利とならないと考えられたことにある。というのも、地下鉄の停車駅は人口が密集している地域 (Agglomeration) に近い傾向があり、しかも、階段が利用者の妨げになることもあるからである。「結局、地下鉄のある都市を訪れたことのある人なら誰でも、地下鉄があっても道路交通量が減らないことを知っている」と、このモビリティの専門家は言う。

ドイツ語圏の地域の公共交通機関、特にバスやトラムでは、車両の中でお金を払うシステムはほとんどありません。最近ではスマートフォンのアプリなどで乗車券を購入することができますが、多くの停留所には自動券売機があります。下のチケットは、チューリヒから電車で一時間ほどのところにあるドイツのコンスタンツ (Konstanz) のバスのチケットです。Tageskarteとあるので、「一日乗車券」のことですね。„Gültig für 1 Person ab Zeitpunkt des Erwerbs bis Betriebsschluss“ と記載があり、「一名のみ、購入時点から営業終了まで有効」ということになります。„Nicht gültig auf der Fähre! “ との注意書きを見れば、フェリーには使用できないことがわかります。コンスタンツはボーデン湖（Bodensee）沿いの街で、湖上の小さな島に行ったり、対岸のオーストリアの街、ブレゲンツなどに足を延ばしたりする際には船が便利です。Nachtschwärmerというのは「夜遊びをする人」ということです。ヨーロッパの交通局は週末の夜に増便することが多く、そうした夜間に運行されるバスには使えないということですが、ちょっと遊び心のある書き方ですね。

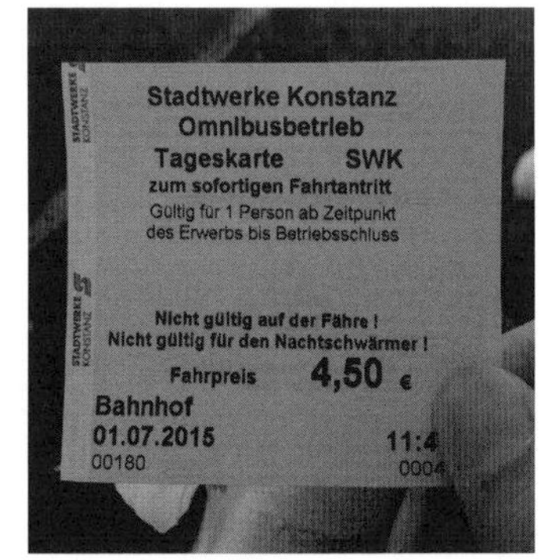

SWK（Stadtwerke Konstanz）の一日乗車券

Deutsch

第2部

知る

12 ドイツ語圏の多様性 ❶ あいさつ

Deutsch

Guten Tag! ドイツ語を学んだことがあれば、一度は聞いたことのあるフレーズではないでしょうか。しかし、実際にドイツ語圏の地域では、出会った人々から、いつも Guten Tag!「こんにちは」とあいさつされるのでしょうか。ここでは、あいさつの地域的ヴァリエーションを通してドイツ語圏の多様性を見ていきましょう。ぜひ引用サイトの地図も参照してください。

読んでみよう

Gruß beim Betreten eines Geschäfts am Nachmittag

Die Frage lautete, wie man am Ort gewöhnlich sagt, „wenn man nachmittags ein kleines Geschäft betritt, wo man die Leute kennt". Hier zeigen sich klare regionale Unterschiede in den deutschsprachigen Ländern. Im Norden Niedersachsens und in Schleswig-Holstein sagt man in der Regel *Moin* oder *Moinmoin*. Dabei handelt es sich nicht – wie oft angenommen wird, um eine Abkürzung von *Morgen*, sondern von *moien Dag* (o.ä.); es wird also in dem abgekürzten Gruß nur das Adjektiv verwendet (wie man es auch vom Neujahrgruß *frohes / gutes /gesundes neues* (*Jahr*) oder in der Wunschformel *einen guten* (*Appetit*) findet). Im Süden Deutschlands, südlich der Mittelgebirge und östlich des Rheingrabens, sowie in Österreich ist *Grüß Gott* die häufigste Grußformel.

Doch hier ist offenbar schon vereinzelt ein einfaches *Hallo* üblich, das im ganzen Norden und Westen (mit Ausnahme des *Moin*-Gebiets) neben das traditionelle *Guten Tag* getreten ist. Dies ist die auffälligste Gebrauchsveränderung seit einer Erhebung zu den Grußformeln aus den 1970er Jahren. *Hallo* wird anstelle von oder neben *Guten Tag* aus fast 150 Orten gemeldet. Im Osten Bayerns und vereinzelt auch in Österreich ist auch *Servus* üblich; dieser Gruß bedeutet – in der Übersetzung des verwendeten Latinismus (lat. servus) – im Grunde 'ich bin Dein/Ihr Diener' (Kluge). Eine auffällige Veränderung in Österreich ist die zunehmende Verbreitung von *Grüß Euch* (auch *Grüß Sie/Ihnen/Dich*), das zumeist *Griaß Eich* o. ä. gesprochen wird. In der Schweiz ist eine Zweiteilung festzustellen: Im Westen des deutschsprachigen Gebiets gilt *Grüeß Ech* während man im Norden und Osten überwiegend *Grüezi* sagt. Dort hört man aber auch *Hoi*, genau wie im benachbarten österreichischen Vorarlberg und vereinzelt auch in Südtirol. Eine Südtiroler Besonderheit ist der Gruß *Guten Nachmittag*.

● https://www.atlas-alltagssprache.de/runde-2/f01/

語彙

Gruß「あいさつ」／**Betreten** < betreten「～に入る、足を踏み入れる」の名詞形／**Geschäft**「店」／**lauten**「（～という）内容である」／**in der Regel**「通例」／**es handelt sich um** + 4格「（～は）～である」／**Abkürzung**「縮約形、略語」／**annehmen**「想定する」／**o.ä.** < oder ähnliche[s]「～など」／**Mittelgebirge**「中級山岳地帯」／**Rheingraben**「ライン地溝（バーゼルからフランクフルト辺りまでのおよそ300キロメートルに拡がる地理的に谷間になっている地域）」／**vereinzelt**「散発的に、ときおり」／**üblich**「よくある」／**Ausnahme**「例外」／**auffällig**「目立つ」／**Erhebung**「調査」／**melden**「報告する」

文法

●受動態

ドイツ語では「werden + 過去分詞」の動作受動と「sein + 過去分詞」の状態受動があります。助動詞 werden を用いた受動態では、能動態ならば4格目的語とされる名詞句が主語（1格）の位置に置かれ、werdenの定形は文の2番目に、そして動詞の過去分詞は文末にきます。たとえば、Die Frau schloß die Tür.「その女性はそのドアを閉めた。」はDie Tür wurde（von der Frau）geschlossen.「そのドアは（その女性によって）閉められた。」に書き換えることができます。本文でも、es wird ... verwendet「～が使用されている」のように出てきていますね。受動態への書き換えによって、動作主を必ずしも記述する必要がなくなるため、英語などでもそうですが、新聞や論文といった書きことばで主語の明示が避けられる場合には受動態が出てくることが多くあります。

また、客観的な文章を書く際には、受動態と並んで不定代名詞のmanもよく使用されます。本文にもある通り、... wie man am Ort gewöhnlich sagt, ...「その場所ではたいてい～のように言われている」やim Norden Niedersachsens und in Schleswig-Holstein sagt man ... のように、「～では～と言われている」のような表現が可能になります。

解説

この文章ではStephan Elspaß教授とRobert Möller教授が主導する「ドイツ語圏の日常言語

地図」（Atlas zur deutschen Alltagssprache）というプロジェクトにおいて、「午後にお店に入ったらどんなあいさつが行なわれるか」ということに関する実際のアンケート結果がまとめられています。最も一般的かと思われるGuten Tagは、ドイツ語圏北中部に集中しています。ニーダーザクセン州（Niedersachsen）北部やシュレースヴィヒ・ホルシュタイン州（Schleswig-Holstein）では、普通はMoinやMoinmoinというあいさつを使います。Morgenが縮まった形であると言われることも多いようですが、実際には低地ドイツ語のmoien Dag（標準ドイツ語ではschönen Tagもしくはguten Tag）の形容詞だけが使用される形のようです。こういった使い方は、「明けましておめでとう」に相当する新年のあいさつ、frohes neues Jahrをfrohes neuesとJahrを省略するときのようによく見られる現象です。南ドイツ、とりわけ、中級山岳地帯やライン地溝以東、そしてオーストリアでは、Grüß Gottが使われるのはよく知られています。

Guten Tagよりもやや砕けた印象のあるHalloはドイツ北部や西部などでも使われていて、すでにGuten Tagから置き換わっているところもあるようです。バイエルン地方やオーストリアではGrüß Gottが一般的ではありますが、Servusというのも使われます。これはラテン語のservusから来ていて、本来ich bin Dein/Ihr Diener「私はあなたの召使です」という意味で用いられていたようです。この地域では、Grüß Euch（auch Grüß Sie/Ihnen/Dich）というあいさつもあります。ドイツ語圏スイス、西部ではGrüeß Echの形も用いられますが、北部や東部の地域ではGrüeziが一番よく使われます。他にもHoiというあいさつがありますが、スイスドイツ語同様にアレマン語圏に属する、フォアアルルベルクや南チロルでも使われる表現となっています。

訳例

午後に商店に入ったときの挨拶

これは「午後に小さな商店に入ったとき、知っているひとに出会ったら」その場所では通常何と言うか、ということについて（アンケート形式の）質問をしたものである。ここで示されているのは、ドイツ語圏では、明かな地域的相違があるということである。ニーダーザクセン州北部やシュレースヴィヒ・ホルシュタイン州では、普通はMoinやMoinmoinと言う。MoinやMoinmoinは、推測されることが多いものの、Morgenではなくmoien Dagやそれに類似する形の縮約形である。あいさつの縮約形として形容詞だけが使用されることはよくある（たとえば、新年の挨拶でJahrを省略してfrohes / gutes /gesundes neuesと言ったり、食事の際にAppetitを省略してeinen gutenと言ったりするようなものである）。南ドイツ、とりわけ、中級山岳地帯やライン地溝以東、そしてオーストリアでは、Grüß Gottが最もよく使われるあいさつである。

しかしここで明らかになっているのは、簡略化された形であるHalloが各地で使われ、しかも（Moinの地域の例外もあるが）北部・西部全域にわたって伝統的なGuten Tagに加えて出現しているということである。このことは、1970年代に行なわれたあいさつ形式に関する調査から目立った使用変化である。HalloはGuten Tagの代わりか別形式として150の場所で使用例がある。バイエルン東部や、場所によってはオーストリアでも、Servusというあいさつもまたよく使われる。このあいさつは、ラテン語からの翻訳では「私は君の／あなたの召使です」という意味である。オーストリアでの目立った変化は、Grüß Euch（もしくはGrüß Sie/Ihnen/Dich）の使用地域が拡がっているということである。これはたいていGriaß Eichのように発音される。スイスでは、2つの地域区分を確認できる。ドイツ語圏西部ではGrüeß Echの形も用いられるものの、北部や東部の地域ではGrüeziが一番よく使われる。他にもHoiというあいさつがあるが、これは（スイスの）隣のオーストリア・フォアアルルベルクや南チロルでも散見される。南チロルに特徴的なものには、Guten Nachmittagというあいさつがある。

ドイツ語圏の北と南では、現在でも、お互いに意思疎通ができない場合があるほど、ことばに違いがあります。ドイツ語圏の方言地域は、発音や語彙などによって区分されていて、伝統的には「低地ドイツ語」（Niederdeutsch）の地域とそれより下の「高地ドイツ語」の地域に分けられます。ドイツ語圏の地域では、北海に面している北側からアルプスのある南の地域に向かって、標高が高くなっていきます。そのため、北の地域は低地ドイツ語、南は高地ドイツ語と呼ばれています。この高地ドイツ語というのがドイツ語の標準語を表すHochdeutschの語源とされています。また、ドイツ語圏にはオランダやベルギー北部も含まれています。つまり、言語学的に言えば、オランダ語もドイツ語の一方言であるということになります。

南の高地ドイツ語は「中部ドイツ語」（Mitteldeutsch）と「上部ドイツ語」（Oberdeutsch）に分けられます。上部ドイツ語の地域には、バイエルン方言のミュンヘン、オーストリアのウィーン、インスブルック、それから、シュヴァーベン方言圏のシュトゥットガルト、アレマン方言圏であるスイスのベルンやチューリヒも含まれています。チューリヒから北西を見ると、ストラスブールがあります。この方言区分で言うと、ドイツのシュトゥットガルト、スイスのチューリヒ、そしてフランスのストラスブールでも、細かい区分は異なりますが、基本的には近い方言が話されているということがわかります。

コラム
07

レスター・スクエアの「スイスの州旗」

このモニュメントがあるのは、スイスではなく、イギリスのロンドンです。ロンドンのレスター・スクエアには、スイスの文化や観光を紹介する「スイスセンター」(Swiss Centre)が1968年にオープンしました。1984年にGlockenspielという大きな鐘が複数取り付けられた仕掛け時計も設置され、2008年に惜しまれつつ取り壊されるまで、この施設はロンドンの人々から愛されていました。1991年には、スイス建国700周年を記念して、写真にあるスイスの州旗を掲げるポール(Cantonal Tree)が立てられただけでなく、ウエストミンスターの市長がこの地区をSwiss Courtと名付けました。スイスセンターが廃止された3年後の2011年には新たにデザインされて生まれ変わったGlockenspielもこの場所に加わり、現在でもこの州旗と一緒に街行く人々を楽しませています。

13 ドイツ語圏の多様性 ❷

パンとジャム

以前はドイツには、300種類以上のパンがあると言われていました。300種類というのも決して少なくない数ですが、この記事によればもっと多くの種類があるようです。ドイツのパンにはどのようなものがあるのでしょうか。

読んでみよう

Brotmenge und Brotumsatz in Deutschland

Laut Gesellschaft für Konsumforschung (GfK) kauften die privaten Haushalte in Deutschland im Jahr 2018 rund 1.681.000 Tonnen Brot. Hierdurch wurde ein Umsatz von 4,28 Milliarden Euro erzielt. In 2018 hat jeder Deutsche im Schnitt 45,5 mal Brot gekauft, dabei wurden 21,2 kg Brot pro Kopf bzw. 42,4 kg Brot je Haushalt erworben. Durch den Wandel der Gesellschaft werden darüber hinaus viele Snacks verzehrt, die meisten davon auf Basis von Brötchen oder Brot, was in den Zahlen nicht berücksichtigt ist.

Zahl der Brotsorten in Deutschland

Das Deutsche Brotregister des Deutschen Brotinstituts verzeichnet derzeit über 3.000 unterschiedliche Brotspezialitäten, die täglich in Deutschland gebacken und verkauft werden. Vermutlich ist die tatsächliche Anzahl noch höher. Frühere Schätzungen, die von 300 Brotsorten in Deutschland ausgingen, gelten als überholt.

Was unterscheidet ein Brot von einem Brötchen?

Das Brötchen meint ein kleines Brot und gehört zu den Kleingebäcken. Nach den Leitsätzen des Deutschen Lebensmittelbuches wiegt ein Kleingebäck höchstens 250g. Gebäcke mit höherem Gewicht nennen sich Brot, wobei der Fett- oder Zuckergehalt nicht höher als 10 % liegen darf, bezogen auf den Anteil an Getreide. Ansonsten spricht man von „Feinen Backwaren". Andere regionale Bezeichnungen für Brötchen sind u.a. Semmel, Weck, Weckle, Schrippen, Kipf, Laabla, Rundstück oder Brötli.

Woher kommt die Bezeichnung „Brot"?

„Brot" heißt im Lateinischen „pane". Hieraus wurde „pain" (Französisch), „pan"(u. a. Spanisch und Japanisch), „Pen" (z. B. in Haiti) oder „Ppang" (Korea). Mit dem altgermanischen Wort „brauđa" wurden früher nur gelockerte Brote mit Sauerteig bezeichnet. In althochdeutscher Zeit wurde die Bezeichnung „Prôt" auch auf Backwaren aus ungesäuertem Teig übertragen. Hieraus wurde das deutsche Wort „Brot", ebenso wie „bread" im englischen Sprachraum, „Brød" oder „Bröd" in Skandinavien bzw. „Brood" u. a. auf Afrikaans. Die Bezeichnung „Brot" stand früher nicht allein für das Lebensmittel Nummer 1, sondern war das Synonym für Nahrung, Speise, Beschäftigung und Unterhalt.

Was hat Brot mit Bier zu tun?

Beide Produkte basieren auf den gleichen Zutaten: Getreide, Wasser und Hefe. Auch finden in beiden Fällen Gärungsprozesse statt. Daher heißt es auch: Bier ist flüssiges Brot. Im Mittelalter gab es nach dem Backtag einen Brautag. Das Bier entstand dabei aus dem Brot, es wurde mit Brot angesetzt. Einen Beleg dafür findet man auch in alten Märchen wie z. B. „Rumpelstilzchen": „Heute back ich, morgen brau ich ..."

● https://www.brotinstitut.de/brotinstitut/zahlen-und-fakten-zu-brot

語彙

erzielen「狙い通りに手に入れる、達成する」／**im Schnitt**「平均して」／**Spezialität**「特産品」／**überholt**「時代遅れの、古めかしい」／**nicht höher als...**「～を超えない、～より低い」／**Anteil**「割合」／**übertragen**「転用する」／**Lebensmittel**「食料品、日用品」／**auf... basieren**「～に基づく」

解説

ドイツ語で「パン」と言えば、Brotということになります。しかし穀物の割合や脂肪分、糖分の含有量によって呼称が決められているため、Kleingebäck「クッキーなどの焼き菓子」も含めたGebäckというのが小麦粉を使用して焼いた食品の総称で、Brotもこの Gebäckの一種です。ほかにも、Backwarenなどの語もよく使用されます。

本文には、「一人当たり21.2kg、一世帯当たりでは42.4kg」(21,2 kg Brot pro Kopf bzw. 42,4 kg Brot je Haushalt) のパンが消費されているとあります。一方、日本のデータを見てみると、総務省の調査では、日本の全国平均は1世帯当たり4.5kgとなっていますので、ドイツの消費量の多さがわかります。しかも、これには小麦粉を原料としたスナックやパスタなどは含まれていないため、ドイツ語圏では小麦粉の消費量が非常に多いことが理解できます。本文の記述に従えば、ドイツには3000もの異なる種類のパンがあり、地域によってもパンの種類はさまざまです。たとえば、ドイツ語圏南部では、数字の8の字の形をしたやや堅めのパン、「ブレーツェル」（Brezel）が有名です。

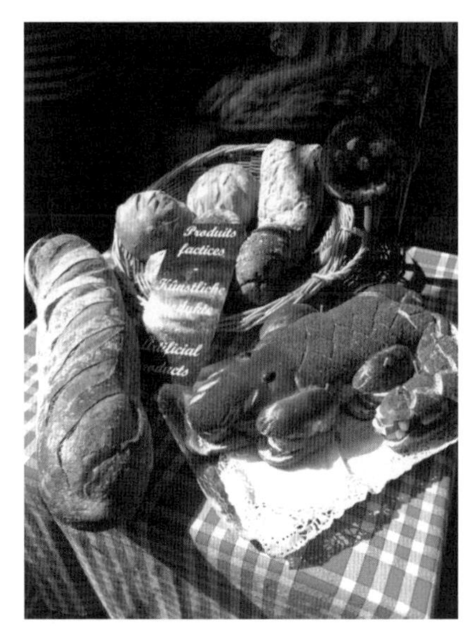

日本の主食といえばやはり米ですが、農林水産省によれば、米の一人当たりの年間消費量は、昭和37年度をピークに減少傾向にあります。当時日本人は年間118kgの米を消費していたようですが、令和2年度の消費量は半分以下の50.8kgにまで減少しているそうです。こうしたデータを見ても、パンやパスタなどの小麦粉を使用する食品は日本でも一般的になっています。

本文にもある通り、パンとビールの原料は同じなので、Bier ist flüssiges Brot.「ビールは液体のパン」と言われることがあります。先の課でも出てきたオクトーバーフェストの際に好まれる歌に „Bayern, des samma mir“ があり、歌詞は以下のようになっています。

Bayern, des samma mir, Bayern und des bayerische Bier!
Bayern und des Reinheitsgebot,
des is unser flüssiges Brot!
バイエルン、これこそが私たちだ。そしてバイエルンのビール。
バイエルンとビール純粋令、
これが私たちの液体のパンだ。

「ビール純粋令」というのは、1516年にバイエルン州で制定された「ビールの原料は麦芽、ホップ、水、酵母のみに限る」という規則です。そのように考えると、酒（日本酒）もまた日本人の主食となっている白米と同じ原料から作られているので、「酒は液体の米」とも言えるかもしれません（厳密に言えば、酒の原料となる「麹米」と米飯用の「うるち米」は区別されます）。

訳例

ドイツにおけるパンの数量と売上

ドイツ消費研究協会 (Gesellschaft für Konsumforschung: GfK) によると、ドイツの一般家庭が2018年に購入したパンの合計は、約168万1000トンであった。この結果、売上高は42億8,000万ユーロととなった。2018年、各ドイツ人が平均して45.5回パンを買いに行って、一人当たり21.2kg、一世帯当たり42.4kgのパンを購入した。社会の変化により、スナック菓子も多く消費されるようになり、その多くは小さなパンやパン (Brötchen oder Brot) を原材料にしているが、これは数値に含まれていない。

ドイツにおけるパンの種類の数

ドイツパン研究所 (Deutschen Brotinstitut) の「ドイツパン登録簿」には、現在、ドイツで毎日焼き上げられ、販売されている3,000以上の異なるパンが登録されている。おそらく、実際の数値はもっと高い。ドイツには300種類のパンがあるという以前の推計は、もはや時代遅れのものと考えられる。

Brot と Brötchen を区別するのは何か

Brötchenは小さなパンを意味し、焼き菓子類に属する。ドイツ食品規格のガイドラインでは、焼き菓子は最大でも250グラムの重さとされている。重量のある焼き菓子はパンと呼ばれ、穀物の割合に基づき、脂肪分または糖分の含有量は10パーセント以下でなければならない。それ以外は「上質焼き菓子」と呼ばれる。その他の地域的なパンの名称としては、Semmel,Weck, Weckle, Schrippen, Kipf, Laabla, Rundstück, Brötliなどがある。

Brotという語はどこから来たのか

「パン」はラテン語でpaneと呼ばれる。これがpain（フランス語）、pan（スペイン語や日本語など）、pen（ハイチなど）、ppang（韓国）などになった。古ゲルマン語の「ブラウジーダ」(brauđa) はかつて、酵母を使ったほぐしパンのみを指す語であった。古高ドイツ期には、酵母を入れない生地を使った焼き菓子にも「ブロート」という語が転用されるようになった。これがドイツ語のBrot、英語圏のbread、北欧のbrødまたはbröd、アフリカーンス語のbroodなどになった。かつて「パン」という言葉は、第一の食料品を意味するのみならず、滋養、食事、雇用、生計などの類義語であった。

パンはビールとどのような関係があるのか

（パンとビールの）両製品は、同じ材料を基にしている。穀物、水、イーストである。また、発酵工程もまた同様に行なわれる。そのため、「ビールは液体のパン」とも言われる。中世では、パンを焼く日の後に醸造の日があった。その際、ビールはパンから生まれ、パンを使って醸造されていたのである。その証拠に、Rumpelstilzchen（ルンペルシュティルツヒェン、意地悪な小人）のような古い物語にも「今日は焼き、明日はビールを造る…」とある。

ドイツ語圏にはパンだけでなく、ジャムの種類も豊富にあります。そしてジャムの呼び方も複数あります。マーマレード、コンフィテューレ、ゼリーなど、違いはどこにあるのでしょうか。

読んでみよう

Marmelade, Konfitüre oder Gelee – wo liegt der Unterschied?
In unserem normalen Sprachgebrauch hat sich das Wort Marmelade für süße Fruchtaufstriche aller Art etabliert. Machst du dich im Supermarkt jedoch auf die Suche nach einer klassischen Erdbeer- oder Kirschmarmelade, wirst du diese nicht finden. Stattdessen tummeln sich in den Regalen umso mehr Konfitüren, Gelees und Fruchtaufstriche. Wo liegen hier die Unterschiede?

Für die Verwirrung sorgt eine EU-Richtlinie, die seit 2003 in Deutschland als Konfitürenverordnung in Kraft getreten ist. Sie gibt vor, unter welcher Handelsbezeichnung welcher fruchtige Brotaufstrich verkauft werden darf. Der wesentliche Unterschied zwischen Marmeladen, Konfitüren und Gelees liegt in der Fruchtsorte, aber auch Zuckergehalt und Zubereitungsart spielen eine Rolle. Der Begriff Marmelade ist laut EU-Verordnung nur noch Zubereitungen aus Zitrusfrüchten wie Zitronen, Orangen oder Mandarinen vorbehalten, andere müssen Konfitüre genannt werden. Das Gelee wiederum wird nicht wie Marmelade und Konfitüre aus eingekochten Früchten, sondern nur aus Fruchtsaft, Zucker und Geliermittel hergestellt.

● https://www.lecker.de/was-ist-der-unterschied-zwischen-marmelade-und-konfituere-68834.html

語彙

Marmelade「マーマレード」／**Konfitüre**「ジャム」／**Gelee**「ゼリー」／**etablieren**「設立する、定着させる」／**in Kraft treten**「効力を発する、施行される」／**vorgeben**「（規定などを）定める」

解説

日本語で「マーマレード」と言うと、オレンジや夏ミカンなどの柑橘系果実のジャムを思い浮かべる人が多いはずです。しかし、ドイツ語のMarmeladeをDudenで調べると、„als Brotaufstrich verwendete, mit Zucker eingekochte Früchte“「パンのスプレッドとして使用される、砂糖で煮詰めた果物」と記載されています。一方、Konfitüreは„Marmelade nur aus einer Obstsorte“「一つの果物から作られたマーマレード」と説明されているので、MarmeladeはKonfitüreの上位概念ということになり、やや混乱します。ドイツでは、MarmeladeとKonfitüreをほぼ同じものを指す語として認識している人が多いようです。2003年から施行されている、いわゆるジャム条例(Konfitürenverordnung)に従えば、„Der Begriff Marmelade ist laut EU-Verordnung nur noch Zubereitungen aus Zitrusfrüchten wie Zitronen, Orangen oder Mandarinen vorbehalten, andere müssen Konfitüre genannt werden.“「EUの規則によれば、マーマレードという概念は、レモン、オレンジ、ミカンなどの柑橘類から作られたものだけに用いられ、それ以外はジャムと呼ばなければならない」ということなので、新しいルールは、日本語でのマーマレードとジャムの区別に近いようです。

Konfitüreに用いられる果物は、Apfel「リンゴ」、Banane「バナナ」、Birne「洋ナシ」、Brombeere「ブラックベリー」、Erdbeere「イチゴ」、Heidelbeere「コケモモ」、Himbeere「ラズベリー」、ZwetscheまたはZwetschge「スモモ、プラム」などさまざまです。ここでは果物の名前も一緒に確認しておきましょう。

新鮮な手作りジャムとゼリー
(Frische hausgemachte Konfitüren und Gelées)

訳例

マーマレード、ジャム、ゼリー、その違いはどこにあるのだろうか。

私たちの普段の言語使用では、Marmeladeという言葉は甘い果物のスプレッド全般を指すものとして定着している。しかし、定番のイチゴやチェリーのMarmeladeを求めてスーパーに行くと、なかなか見つからない。その代わり、棚にはジャムやゼリー、果物スプレッドがずらりと並んでいる。ここにはどんな違いがあるのだろうか。

この混乱の原因は、ドイツで2003年にジャム条例として施行されたEUの規則にある。この規則では、どの果物のスプレッドをどのような商品名で販売してもよいかが規定されている。マーマレード、ジャム、ゼリーの本質的な違いは、果物の種類にあるが、糖度や調理法も関係している。EUの規則によれば、マーマレードという概念は、レモン、オレンジ、ミカンなどの柑橘類から作られたものだけに用いられ、それ以外はジャム(Konfitüre)と呼ばなければならないことになっている。一方、ゼリーは、マーマレードやジャムのように果実を煮るのではなく、果汁と砂糖とゲル化剤だけで作られる。

コラム
08

チョコレートとスイーツ

Alles ist gut, wenn es aus Schokolade besteht.
「チョコレートから作られていれば、すべてよし」。

右上の看板のとおり、チョコレートは世界中で愛されていますが、スイスはチョコレートで有名な国のひとつです。チョコレート専門店であるショコラティエ(chocolatier)や、チョコレートに限らずキャンディなどの砂糖菓子も扱う店、コンフィズリー(confiserie)もたくさんあります。スイスのコンフィズリーでよく知られているのは、1836年にチューリヒで創業したシュプリュングリ(Sprüngli)です。写真はチューリヒのParadeplatzと、その一角にあるシュプリュングリカフェのカプチーノです。シュプリュングリでは、チョコレートを使ったプラリネやLuxemburgerliという名前のマカロンがとても人気です。

Lindt
CRÉMANT SURFIN
Lindt
SWISS HEARTS

Alles ist
gut,
wenn es
aus
Schokolade
besteht.

UBS

ドイツ語圏の産業 ❷

14 自動車

Deutsch

読んでみよう

Die verwobene Geschichte

Die Geschichte von VW und Porsche reicht bis in die 1930er Jahre zurück, als Ferdinand Porsche den ersten Volkswagen zur Serienreife brachte. (Vor sieben Jahren übernahm VW den Sportwagenbauer.)

Porsche und VW haben eine lange gemeinsame Geschichte. Der erste Volkswagen – der Käfer – stammt von Prof. Ferdinand Porsche, der den Wagen in Stuttgart konstruierte und noch in den 1930er Jahren zur Serienreife brachte.

Erst nach dem Krieg wurde das später als VW-Käfer bekannte Auto in Wolfsburg gebaut. Die noch von den Nazis geplante Volkswagen-Fabrik leitete Porsches Schwiegersohn Anton Piëch – sein Sohn Ferdinand Piëch trat später gewissermaßen in seine Fußstapfen als VW-Chef.

Aus VW-Teilen konstruierte nach dem Krieg Ferdinand Porsches Sohn Ferry Porsche den ersten Sportwagen, der den Familiennamen Porsche trug. Es folgten gemeinsame Projekte wie die 914er, 924er und 944er Modelle. Auch den Vertrieb legten Porsche und Volkswagen in der Zeit von 1969 bis 1974 zusammen. 1993 wurde Ferdinand Porsches Enkel Ferdinand Piëch VW-Chef. Von 2002 bis 2015 stand er an der Spitze des Aufsichtsrats.

Die Erfindung des Käfers hat sich für die Familien Porsche und Piëch jahrelang bezahlt gemacht. Für jeden Käfer musste Wolfsburg eine Lizenzgebühr an Porsche abführen.

„Die verwobene Geschichte", Wirtschaftswoche, 23. Juli 2019

● https://www.wiwo.de/unternehmen/auto/porsche-und-volkswagen-die-verwobene-geschichte/24686762.html

語彙

Volkswagen もしくは **VW**「国民車、大衆車、フォルクスワーゲン」／**verwoben** 現在分詞の形容詞化 < verweben「絡み合わせる」／**zurückreichen**「〜にさかのぼる」／**als...**「〜したとき」／**von... stammen**「〜に由来する、〜の作である」／**die Serienreife**「大量生産」／

in seine Fußstapfen treten「〜の足跡をたどる」／**zusammenlegen**「経営統合する」／**sich bezahlt machen**「(努力などが) 割に合う、利益をもたらす」／**Lizenzgebühr**「ライセンス料」／**an... abführen**「〜に（税金など）を支払う」

文法

1. 形容詞の格変化

形容詞の付加語的用法(名詞を修飾する用法)の場合、形容詞は格変化をします。格変化には、名詞の性・数、冠詞の有無に応じて、(1) 形容詞自体はあまり変化しない「弱変化」(定冠詞+形容詞+名詞)、(2) 形容詞自体が変化する「強変化」(形容詞+名詞)、(3)「混合変化」(不定冠詞+形容詞+名詞)があります。

たとえば、文中のPorsche und VW haben eine lange gemeinsame Geschichte. では、動詞habenは不定冠詞の付く4格目的語eine lange gemeinsame Geschichte「長い共通の歴史」をとり、「混合変化」(不定冠詞+形容詞+名詞)となりますが、この場合、形容詞自体はあまり変化しない「弱変化」です。また、Der erste Volkswagen – der Käfer – stammt von Prof. Ferdinand Porsche, ... の場合、文中で1格となるder erste Volkswagen「最初のフォルクスワーゲン」もまた「弱変化」です。

2. 冠飾句

冠飾句は、冠詞と名詞の間に形容詞だけでなく、副詞や過去分詞などの要素を含む形容詞句です。たとえば、文中のdas später als VW-Käfer bekannte Autoという表現を通して、das bekannte Auto「有名な車」ということだけでなく、später als VW-Käfer bekannte「後にフォルクスワーゲン・ビートルとして有名になる車」というように、形容詞bekanntを副詞句によってさらに詳しく説明し、「〜な車」という名詞句として簡潔に表現できます。他にも、die noch von den Nazis geplante Volkswagen-Fabrikもまた、「ナチスによって計画されたフォルクスワーゲンの工場」のような短い文の中に多くの情報を詰め込んだ句を形成します。

解説

ドイツだけでなく、世界的に知られている「フォルクスワーゲン」(Volkswagen) という自動車会社（ドイツ語に近い形で記載するならば、フォルクスヴァーゲン）は、文字通り「国民車」(Volk「国民、民族」+Wagen「自動車」) の生産を起源としています。Volkswagenと綴られる際には、企業名を指す場合と、この国民車自体を意味する場合がありますが、VWと縮約形で書かれるときには企業を指すことが多いようです。

本文にもある通り、最初の「国民車」であるKäfer（カブトムシの意味ですが、日本でも「ビートル」と呼ばれることが多い）は、バーデン・ヴュルテンベルク州のStuttgartに本社を置くドイツの高級自動車メーカー「ポルシェ」(Porsche) を生み出したフェルディナント・ポルシェ博士によって作り出されました。1文目の ..., als Ferdinand Porsche den ersten Volkswagen zur Serienreife brachte. では、alsが副文を導く従属接続詞として使われています。同様に「時」を示す接続詞のwennとは異なり、alsは「～したとき」という過去の一回限りのできごとを表す場合に使用されます。一方、2段落目の最後のals VW-Chefのalsは「～として」という意味ですね。5行目の ..., derは何を示しているでしょうか。関係代名詞（男性1格）で「フェルディナント・ポルシェ博士」を指しています。このように、まず人名などの固有名を話の中に導入してから、関係代名詞節を使ってその名詞を説明する仕方はよく出てきます。

ポルシェとフォルクスワーゲンの関係は古く、1930年代から現在まで続いています。ビートルを生み出したポルシェ博士の義理の息子、Anton Piëch（アントン・ピエヒ）は、1941年から1945年までの間、ニーダーザクセン州のWolfsburg（ヴォルフスブルク）にあるフォルクスワーゲンの工場を率いていました。現在もヴォルフスブルクにはフォルクスワーゲンの本社が置かれています。第3段落目には、ポルシェ博士の息子、フェリー・ポルシェがスポーツカーを生み出した話が出てきます。Es folgten gemeinsame Projekte... のesは何でしょうか。esは形式主語で、gemeinsame Projekte「（ポルシェとフォルクスワーゲンの）共同プロジェクト」が意味上の主語なので、動詞folgenの過去形は複数になっていることに注意しましょう。アントン・ピエヒの息子であり、ポルシェ博士の孫に当たるFerdinand Piëchもまた、ポルシェやアウディで経験を積んだのちに、1993年にフォルクスワーゲンの会長に就任しました。本文にある1993 wurde Ferdinand Porsches Enkel Ferdinand Piëch VW-Chef. のように、年がある時点（ここでは就任したとき）を表す場合には西暦の前に前置詞は置かれないので注意しましょう。

最後の段落の一文目、Die Erfindung des Käfers hat sich für die Familien Porsche und Piëch jahrelang bezahlt gemacht. の訳は少し難しいかもしれません。sich bezahlt machenは「（努力などが）割に合う」という意味ですが、ここでは主語が「ビートルの発明」ですので、「その発明がポルシェとピエヒ一家に利益をもたらす」のように理解できるでしょう。

本章では、die Serienreife「大量生産」やLizenzgebühr「ライセンス料」、an... abführen「～に（税金など）を支払う」などの日常的にはあまり馴染みのない単語や言い回しが出てきましたね。内容を理解しながら単語の意味を考えつつ、じっくりと訳していきましょう。

すでに第1部で紹介したスローガンの話で言うと、フォルクスワーゲンは2007年からDas Auto. というものを採用していました。これは、英語にすればThe car. となるシンプルなものです。定冠詞にはさまざまな意味があり、既出の名詞を指したり、総称を表したりできますが、このdas Autoで際立っているのは「唯一性」です。「私たちは真の車を作っている」ということを主張するスローガンでしたが、少し独りよがりなイメージを与えるとの批判が出ました。その後、フォルクスワーゲンはスローガンをVolkswagen. に変更し、人々のニーズに沿った車作りを目指すという会社のイメージを前面に押し出すことによって、一世紀近く続く企業の原点にやや回帰した印象です。ちなみに、自動車などの仕事率を表す単位に「馬力」というのがありますが、英語ではhorse powerで、ドイツ語にすればPferdstärkeとなります。ドイツなどのヨーロッパだけでなく、日本でもこの馬力を表記するためにPS（たとえば、250馬力ならば250PSや250psなど）を使うことが多く、イギリスやアメリカの自動車メーカーなどは英語由来のHPやhpを使用する習慣があります。

訳例

フォルクスワーゲンとポルシェの歴史は、1930年代にまでさかのぼる。それは、フェルディナント・ポルシェが最初の国民車を大量生産に導いたときである。（7年前（2012年）、フォルクスワーゲンが（ポルシェの）スポーツカー製作を受け継いだ。）

ポルシェとフォルクスワーゲンは長い共通の歴史を持っている。最初の国民車「ビートル」（Käfer）は、フェルディナント・ポルシェ博士の作である。ポルシェ博士は、その車をシュトゥットガルトで設計し、さらに1930年代には大量生産へと導いた。

戦後になって、後にフォルクスワーゲン・ビートルとして知られることになる車は、ヴォルフスブルクで作られた。さらに、ナチスによって計画されたフォルクスワーゲンの工場を経営することになったのは、ポルシェ博士の義理の息子であるアントン・ピエヒである。その後、彼の息子フェルディナント・ピエヒがフォルクスワーゲンの会長としてある意味父親の足跡をたどることになる。

戦後、フォルクスワーゲンのパーツから、フェルディナント・ポルシェの息子であるフェリー・ポルシェが最初のスポーツカーを設計し、その車は家族の姓であるポルシェを冠することになった。その後、914, 924, 944モデルの共同プロジェクトが続いた。さらに、1969年から1974年の間にも、ポルシェとフォルクスワーゲンは経営統合していた。1993年、フェルディナント・ポルシェの孫、フェルディナント・ピエヒがフォルクスワーゲンの会長になった。2002年から2015年まで、彼は監査役会長の座に就いていた。

ビートルの発明は、ポルシェとピエヒ一家に利益をもたらした。ビートル各一台に対して、ヴォルフスブルク（フォルクスワーゲン）はライセンス料をポルシェに支払わなければならなかった。

ポルシェの本社は、バーデン=ヴュルテンベルク州のシュトゥットガルトにあります。上掲は本社近くにある「ポルシェ・ミュージアム」の写真です。

15 ドイツ語圏の地形

スイスの景観

Deutsch

ドイツの南、スイスは西ヨーロッパの中心部に位置しており、面積は42,190km^{2}で、だいたい九州地方(42,231km^2)と同じくらいです。スイス連邦統計局の2021年のデータでは、人口は約870万人で、大阪府の人口(約880万人)と同規模です。すでに「ドイツ語圏の気候」のところでも述べましたが、ヨーロッパはアルプス山脈の北と南では気候や文化が異なります。ここでは、地勢や景観(Landschaft)からスイスの特徴を見てみましょう。

読んでみよう

Die Schweiz liegt etwa mittig in Europa und grenzt an fünf Nachbarstaaten: Österreich und Liechtenstein im Osten, Italien im Süden, Frankreich im Westen und Norden und Deutschland ausschließlich im Norden. Landschaftlich lässt sich das Land in drei Großregionen einteilen: die Alpen, den Jura und das Schweizer Mittelland.

Der Jura

Das Mittelgebirge Jura liegt im Nordwesten der Schweiz und ist ein Faltengebirge aus Kalkstein. Es besteht aus lang gezogenen, großteils bewaldeten Hügelketten, die sich entlang der Grenze zu Frankreich erstrecken. Dort setzt sich das Gebirge weiter fort. Der Jura macht rund zehn Prozent der Landesfläche der Schweiz aus. Die höchste Erhebung des Schweizer Jura ist der Mont Tendre mit 1679 Metern.

Das Mittelland

Das Schweizer Mittelland besteht aus überwiegend hügeligem Gebiet, das sich zwischen Jura und Alpen befindet. Es erstreckt sich über gut 300 Kilometer zwischen dem Genfer See im Westen und dem Bodensee im Osten und macht etwa 30 Prozent der Landesfläche der Schweiz aus. Für die menschliche Besiedelung herrschten im Mittelland schon früh günstige Bedingungen: fruchtbare Böden, ganzjährig verfügbares Wasser durch zahlreiche Seen und Flüsse sowie ein mildes Klima. Bis heute ist das Schweizer Mittelland im Vergleich zu den beiden anderen landschaftlichen Großregionen besonders dicht besiedelt.

Die Alpen
Die Schweiz ist einer von acht Staaten, die Anteil am höchsten Gebirge ganz Europas haben: den Alpen. Diese nehmen mit etwa 60 Prozent über die Hälfte der Landesfläche ein. Der Gebirgswall ist bis auf eine Höhe von 2100 Metern bewaldet. Die höchsten Gipfel hingegen sind ganzjährig mit Schnee bedeckt - so auch der höchste Berg der Schweiz, die mächtige Dufourspitze mit 4634 Metern Höhe. Insgesamt befinden sich in der Schweiz ganze 48 sogenannte Viertausender, also Berggipfel, die mindestens 4000 Meter hoch sind.

●出典：WAS IST WAS Stickeratlas Kantone Schweiz, ©2019 TESSLOFF VERLAG Nürnberg, S.2

語彙

mittig「中心部」／**grenzen**「隣接している」／**ausschließlich**「もっぱら」／**et⁴ in et⁴ einteilen**「～を～に区分する」／**Mittelgebirge**「中級の山岳地域」／**Faltengebirge**「褶曲山地」／**Kalkstein**「石灰岩」／**Hügelketten**「連丘」／**sich erstrecken**「延びる」／**sich⁴ fortsetzen**「連なる」／**Erhebung**「高み、隆起」／**überwiegend**「優勢な、圧倒的な」／**Besiedelung**「居住」／**herrschen**「優勢を占める」／**fruchtbar**「実り多い」／**verfügbar**「入手できる」／**zahlreich**「たくさんの」／**einnehmen**「占める、占拠する」／**mächtig**「堂々とした、巨大な」

解説

ドイツ語、フランス語、イタリア語、ロマンシュ語という4つの公用語を持つ国と知られているスイスは、5つの国々（fünf Nachbarstaaten）と国境を接しています。スイス北部にある街バーゼルにはDreiländereck「三国国境」があり、スイス側から歩いてライン河を渡って、ドイツやフランスに行くことができます。言語的多様性もさることながら、スイスはその景観にも特徴があり、大きく分けると「アルプス山脈」（die Alpen）、地層区分で有名なジュラ紀の語源である「ジュラ山脈」（der Jura）、そして「スイスの中央台地（高原）」（das Schweizer Mittelland）の3つになります。

スイスとフランスの国境を形成しているのは「ジュラ山脈」で、1000メートルから1500メートルくらいの山が多く、アルプス山脈と比べるとやや低い山々が連なっているのが特徴です。北東の端はバーゼルから始まり、スイス側で言うと、南西の端にはフランス語圏のローザンヌやジュネーヴがあります。

ジュラ山脈とアルプス山脈の間には、ボーデン湖（Bodensee）からレマン湖（Genfer See）まで、「スイスの中央台地」が拡がっています。ヨーロッパの飲料水の6パーセント以上がスイスに貯えられていると言われており、スイスは「ヨーロッパの水瓶（直訳すると水の城）」

ツェルマットの街からマッターホルン（4478m）を望む

（Wasserschloss Europas）と形容されることもあります。そうした水資源と豊かな土壌から、中央台地は古くから居住に適した地域となっています。

そして、やはりスイスと言えば「アルプス山脈」が思い浮かぶかもしれません。ただし、Die Schweiz ist einer von acht Staaten, die Anteil am höchsten Gebirge ganz Europas haben. とあるように、アルプス山脈があるのはもちろんスイスだけではなく、他にも、フランス、モナコ、ドイツ、イタリア、リヒテンシュタイン、オーストリア、スロベニアの国々にまたがっています。本文にもある通り、スイスにはViertausender「4000メートル級の山」が48峰あります。よく知られているのは、ツェルマット（Zermatt）にあるマッターホルン（Matterhorn, 4478m）、グリンデルヴァルト（Grindelwald）のユングフラウ（Jungfrau, 4158m）やメンヒ（Mönch, 4107m）などです。また、4000メートルには届きませんが、アイガー（Eiger, 3970m）も北側斜面の絶壁、いわゆる「アイガー北壁」で有名です。ベルナー・アルプス（Berner Alpen）の谷にあるベルナーオーバーラントには、アルプスの恵みによってできあがったトゥーン湖とブリエンツ湖の間にインターラーケン（「湖の間」という意味）という街があり、スイス登山鉄道の拠点となっています。そこからさらにアルプスの方へ登っていくと、「ラウターブルンネン」（Lauterbrunnen）という自治体（Gemeinde）があり、ゲーテが„Vom Himmel kommt es, Zum Himmel steigt es“「その水は天から舞い降りて、天へと昇る」と詠んだ「シュタウプバッハの滝」（Staubbachfall）は、ラウターブルンネンのシンボルとなっています。

訳例

スイスはヨーロッパのほぼ中央に位置し、近隣の5か国と国境を接している。東はオーストリアとリヒテンシュタイン、南はイタリア、西と北にはフランス、北はもっぱらドイツである。景観的には、アルプス山脈、ジュラ山脈、スイス中央台地の3つの地域に大別される。

ジュラ山脈

スイスの北西に位置するジュラ山脈は、石灰岩の褶曲した低山脈である。フランスとの国境沿いには、ほとんどが森林に覆われた丘陵地帯が延びている。そこには山脈がさらに続いている。ジュラ山脈は、スイスの国土の約10パーセントを占めている。スイス・ジュラ山脈の最高峰は、標高1679メートルのモン・タンドルである。

中央台地

スイス中央台地は、ジュラ山脈とアルプス山脈の間に位置する丘陵地から構成されている。この台地は西のレマン湖と東のボーデン湖を結ぶ全長300kmの距離に及び、スイスの国土の約30パーセントを占めている。スイス中央台地は、肥沃な土壌、多くの湖や川から一年中得られる水、温暖な気候など、早くから人間の居住に適した条件が整っていた。現在でも、スイス中央台地は景観的に大部分を占める残り2つの地域に比べて、特に人口密度が高い。

アルプス山脈

スイスは、ヨーロッパで最も高い山々であるアルプス山脈を共有する8か国のうちの1つである。アルプス山脈の割合は約60パーセントで、国土の半分以上を占めている。標高2100メートルまでは森林に覆われている。その一方、最も高い頂上付近は一年中雪に覆われており、スイス最高峰のモンテ・ローザ（Dufourspitze, 4634m）もまたそうである。スイスには、標高4000メートル以上のいわゆる4000メートル級の山（Viertausender）が合計48峰ある。

トゥーン湖とブリエンツ湖の間の街、インターラーケン

コラム
09

三国国境

本文でも触れましたが、バーゼルの郊外には「三国国境」(Dreiländereck) があり、徒歩でドイツ・フランス・スイスの三国を行き来することができます。Weil am Rheinは国境沿いのドイツの街でドイツ側から「三国橋」(Dreiländerbrücke)を渡って、フランス側に行くことができます(上の写真)。下の写真は三国橋(ドイツ)から南に向かって撮影したもので、左側はスイス、右側にはフランスの景色が拡がっています。写真中央には、Dreiländereckのモニュメントが立っています。

左上の写真は、Weil am Rheinにある国境検問所で（Zollは検問所や税関を意味する）、ドイツ側からバーゼルへと向かう国境となっていて、ライン河の支流であるヴィーゼ川を渡ることができます。

一方、右下の写真は、バーゼルとフランスの街Saint Louisの国境検問所です。こちらは陸続きとなっています。

16 ドイツ語圏のプロダクト ❷

カバン (RimowaとFreitag)

Deutsch

[Rimowa]

すでに扱った通り、ドイツ製品といえば「自動車」が有名ですが、他にも有名なプロダクトがたくさんあります。その中でも、スーツケースの「リモワ」は非常に人気があります。「ケルン市立博物館」(Kölnisches Stadtmuseum) には、1970年代に製造されたアルミニウム製の旅行用カバンが飾られています。

読んでみよう

Jedes Jahr die gleiche Situation: Die Schulferien beginnen, und Familien strömen mit Kind, Kegel und Koffer zu den deutschen Flughäfen. Die Ziele heißen Mallorca, Italien und die Türkei. Hauptsache Sonne, Strand und Meer. In langen Schlangen warten sie darauf, einzuchecken und ihr Gepäck abzugeben. Unzählige Koffer und Taschen werden in die Ferienflieger gepackt. Und in dem ganzen Gewusel fallen einige immer wieder besonders auf: Die Koffer mit den markanten Rillen auf ihrer Oberfläche von der Kölner Firma RIMOWA.

1931 wurde beim Reichspatentamt in Berlin die Marke „Richard Morszeck Warenzeichen" angemeldet – kurz RIMOWA. Seit 1950 stellt die Firma die bekannten Rillenkoffer aus Aluminium her. Damit die dünne Schicht genug Stabilität hat, wurden die Rillen hinzugefügt. Mittlerweile sind sie zum Markenzeichen geworden und patentrechtlich geschützt. Inspiration holte sich der Erfinder des Koffers, Richard Morszeck, bei der deutschen Flugzeugfirma Junkers. Sie stellte die ersten Flugzeuge aus Leichtmetall her – mit genau den gleichen Rillen.

Nicht nur im Flugzeugbau läutete der Umstieg auf Metall eine neue Ära ein. Auch bei der Kofferherstellung zeichnete sich damit das Ende der Gepäckstücke aus Holz ab. 1898 hatte Paul Morszeck, der Vater von Richard Morszeck, die Sattlerei Görtz & Morszeck in Köln-Müngersdorf gegründet, sich aber schon zwei Jahre später auf die Kofferherstellung spezialisiert. Damals wurden die Koffer individuell nach den Kundenwünschen aus Holz, Sperrholz und Pappe angefertigt. Sein Sohn Richard experimentierte mit dem neuen Material Leichtmetall. 1937 stellte er daraus den ersten Überseekoffer her, der allerdings noch wie ein mobiler Kleiderschrank aussah. Nach 1945 verschrieb sich RIMOWA ganz dem Werkstoff Aluminium und entwickelte kurz darauf den berühmten Rillenkoffer.

Genau zur rechten Zeit! Denn in der Nachkriegszeit feierte der Luftverkehr seinen großen Durchbruch. Zwar war das Fliegen in den 1950er Jahren noch sehr teuer und den Wohlhabenden vorbehalten, doch der Bedarf nach leichtem Gepäck war da. RIMOWA warb deshalb auch mit dem Slogan: „Luftkoffer federleicht und stabil“. Mit den Jahren wurden Flugzeuge und Airlines größer und voller. So entstand die „Economy Class“. Für weniger Komfort und deutlich günstiger als in der „First Class“, wurde Fliegen für die Mittelschicht erschwinglich. Anstatt mit dem Auto nach Italien oder Österreich ging es nun mit Ferienfliegern - wer kennt noch die damalige Lufthansa-Tochter Condor? - zu den Urlaubszielen. Favorit der Deutschen war auch schon in den 1960er Jahren Mallorca. Anfang der 1970er Jahre setzte die Lufthansa das bis dahin größte Flugzeug der Welt ein: die Boeing 747. Mit dem „Jumbo-Jet“ wurde Fliegen zu der Selbstverständlichkeit, die wir heute noch kennen.

Im Laufe der Jahrzehnte haben RIMOWA-Produkte den Ruf besonderer Zuverlässigkeit erworben. Dabei war der Kölner Kofferhersteller nie um Innovationen verlegen. Dieter Morszeck, Sohn von Richard, entwickelte 1976 den ersten wasserdichten Leichtmetallkoffer als Profiausrüstung für Fotografen und Filmleute, die nicht nur Wasser abhielt, sondern auch tropische Hitze und arktische Kälte. 2000 verwendete RIMOWA erstmals Polycarbonat, das eigentlich aus dem Flugzeug- und Fahrzeugbau stammt und noch leichter, aber nicht weniger haltbar oder zuverlässig ist. Die bekannten Rillen dürfen natürlich nicht fehlen. 2016 sind die Koffer auch im digitalen Zeitalter angekommen. Mit einer App und einem integrierten Bildschirm lassen sie sich überall für den Flug einchecken. Das Electronic Tag erspart den Fluggästen langes Warten beim Check-In.

Heute sind RIMOWA-Koffer auf der ganzen Welt gefragt, vor allem in Asien. Anfang 2017 verkaufte Dieter Morszeck große Anteile seiner Firma an den französischen Luxuskonzern LVMH. Der Verkauf soll dabei helfen, die Kölner Koffer weiter im internationalen Luxusgeschäft zu etablieren. Produziert aber wird jeder einzelne Aluminiumkoffer noch immer in Köln-Ossendorf.

● https://museenkoeln.de/portal/bild-der-woche.aspx?bdw=2018_29

語彙

strömen「流れる」／**mit Kind und Kegel**「家族そろって」／**Gewusel**「急ぎ回ること」< wuseln「あちこち動き回る」／**markant**「目立った」／**Rille**「溝、刻み目」／**Schicht**「層」／**einläuten**「～の開始を告げる」／**sich abzeichnen**「～がくっきりと浮かび上がる」／**Sattlerei**「鞍作り、馬具製造所」／**Sperrholz**「合板」／**Pappe**「厚紙」／**Übersee**「海外」／**sich ... verschreiben**「～に専念する」／**Durchbruch**「突破、出現」／**... vorbehalten**「～のために残されている」／**federleicht**「羽のように軽い」／**erschwinglich**「手頃な、調達可能な」／**Lufthansa-Tochter Condor**「（1959年にルフトハンザの子会社となった）コンドル航空」／**bis dahin**「そのときまで」／**einsetzen**「（機械・器具などを特定の目的のために）使用する」／**Selbstverständlichkeit**「当たり前のこと」／**Zuverlässigkeit**「信頼性」／**um... verlegen sein**「～に困っている」／**wasserdicht**「防水の」

解説

アルミニウムやポリカーボネートを使って製造されたリモワのスーツケースは、ドイツのケルンで生まれました。LVMH（モエ・ヘネシー=ルイ・ヴィトングループ）傘下に入った現在でも、本社工場はケルンに置かれています。本文にも、1931 wurde beim Reichspatentamt in Berlin die Marke „Richard Morszeck Warenzeichen" angemeldet – kurz RIMOWA. とあります。「リモワ」（RIMOWA）という名前は、Richard Morszeck Warenzeichenという創業時の社名の頭文字から取られているのですね。

「旅行好き」で知られているドイツの人々ですが、旅をするためには当然、荷物を持ち運ぶカバンが必要不可欠です。1960年代から飛行機での遠出が主流になった頃から、ドイツの旅行者にとってはスペインのマジョルカ島が人気の観光地となりました。飛行機旅行では荷物を預けるので、軽くて丈夫なスーツケースが必要です。

戦後に大衆に開かれるまで、飛行機での移動は裕福な人々のためのものでした。本文にも、Damals wurden die Koffer individuell nach den Kundenwünschen aus Holz, Sperrholz und Pappe angefertigt. とある通り、当時（第二次世界大戦前）は、スーツケースも木や合板、厚紙を使って、客からのオーダーメイドで製造されていました。当時流通していた製品は非常に高価だっただけでなく、持ち運ぶには重すぎるものでした。そのため、リモワは„Luftkoffer federleicht und stabil“のスローガンで、羽のように軽く、しかも丈夫な「風のスーツケース」を世に送り出したのです。Nach 1945 verschrieb sich RIMOWA ganz dem Werkstoff Aluminium und entwickelte kurz darauf den berühmten Rillenkoffer. とある通り、アルミニウム（ジェラルミン）を使用したスーツケースにリブ状の表面加工が施されています。これはドイツの航空機・エンジン製造会社「ユンカース」（Junkers）の飛行機から着想を得たものでした。時代は流れて、アルミニウムだけでなく、より軽量なポリカーボネートを使ったスーツケースもリモワの代名詞となりましたが、こちらにもリブ状の加工がトレードマークとなっています。

訳例

毎年同じ状況である。学校が休みに入ると、家族連れのグループがスーツケースを抱えてドイツの空港に押し寄せる。行き先は、マジョルカ島、イタリア、トルコ。目的は、太陽、ビーチ、海。長蛇の列を作って、チェックインや荷物の預け入れに並ぶ。休暇の飛行機の中には、数え切れないほどのスーツケースやバッグが詰め込まれている。そして、その喧騒の中で、いつも目立っているものがある。その表面に特徴的なリブ形状を持つ、ケルンの会社RIMOWAのスーツケースである。

1931年、ベルリンの帝国特許庁にRichard Morszeck Warenzeichen、略してRIMOWAという商標が登録された。1950年以来、有名なアルミニウム製リブ付きスーツケースを生産している。リブ（溝）をつけたのは、薄い層が十分に安定するようにするためである。その間に、そのリブは商標となり、特許で保護されている。そのスーツケースの発明者であるRichard Morszeckは、ドイツの航空機製造会社ユンカースから着想を得たという。ユンカースは軽金属製の飛行機を初めて製作し、その飛行機にはまったく同様のリブが付けられていた。

金属への転換によって新しい時代が告げられたのは、航空機の構造においてだけではない。スーツケースの製造においても、木製カバンの終焉を告げるものであった。1898年、Richard Morszeckの父であるPaul Morszeckは、ケルン＝ミュンゲルスドルフに馬具店Görtz & Morszeckを設立したが、わずか2年後にはスーツケースの製造に特化するようになった。当時、スーツケースは客の要望に応じて、木や合板、厚紙などを使ってひとつひとつ作られていた。息子のRichardは、新素材の軽金属で実験を行なった。1937年には、この素材を利用して初めて海外旅行用スーツケースを作ったが、それはまだ移動式タンスのようなものであった。1945年以降、リモワはもっぱらアルミニウムを使用するようになり、まもなく有名なリブ付きスーツケースを開発した。

まったくちょうどいいタイミングであったのだろう。なぜなら、戦後、飛行機旅行は大躍進を遂げたからである。1950年代、飛行機はまだ高価で富裕層のものであったが、荷物を軽くすることへのニーズはあった。そこでリモワは、「羽のように軽く、丈夫なスーツケース」というキャッチフレーズで宣伝をした。長い年月をかけて、飛行機自体や航空会社も大きくなり、充実していった。そのようななかで誕生したのが「エコノミークラス」である。「ファーストクラス」に快適さは劣るものの格段の安さで、飛行機は中流階級にも手が届くものになった。イタリアやオーストリアへ車で移動する代わりに、休暇先まで飛行機で向かう。当時のルフトハンザの子会社コンドルをまだ知っている人はいるだろうか。1960年代にはすでに、ドイツ人のお気に入りはマジョルカ島であった。1970年代初頭、ルフトハンザは当時世界最大の航空機ボーイング747を使用していた。その「ジャンボジェット」によって、今日でも私たちが知っている通り、飛行機での移動が当たり前になったのである。

数十年にわたり、リモワ製品は特別な信頼を得ている。同時に、このケルンのスーツケースメーカーは、決して革新的精神を失ってはいない。1976年、Richardの息子であるDieter Morszeckは、写真家や映画製作者のためのプロ用機材として、水だけでなく、熱帯地域の暑さや極寒からも保護する防水軽量金属スーツケースを初めて開発した。2000年には、リモワは初めてポリカーボネートを採用した。この素材は、実は航空機や自動車製造にも使われており、従来よりも軽量でありながら、耐久性や信頼性に劣ることはない。もちろん、おなじみのリブも残されている。2016年、スーツケースもデジタル時代に突入した。アプリと同期した画面によって、どこでもフライトのチェックインが可能となった。電子タグを使えば、顧客はチェックイン時の長い待ち時間を短縮できる。

現在、リモワのスーツケースは、アジアを中心に世界中で求められている。2017年初め、Dieter Morszeckは大量の自社の株式をフランスのラグジュアリーグループLVMHに売却した。株式売却によって、このケルンのスーツケースは、国際的な高級品ビジネスにおいて、さらに確固たる地位を築くことができるはずである。とは言っても、このアルミニウムのスーツケースは今でもひとつひとつ、ケルン＝オッセンドルフで生産されている。

RIMOWAの代名詞であるリブ状の加工を施したポリカーボネート製のスーツケース

チューリヒにあるフライタークの旗艦店

[Freitag]

前節でスーツケースのリモワ（RIMOWA）について触れましたが、ここではチューリヒの「フライターク」Freitagを見てみましょう。こちらも主にカバンを製作する会社で、製造方法に特徴があります。

読んでみよう

Eine Fabrikhalle im Norden von Zürich, hier sieht es aus wie in einem Tischtennis-Trainingslager. Zwei riesige Platten, groß genug für mehrere Dutzend Rundlaufspieler - aber eben auch so groß wie die farbigen Häute eines Lkw. Um die Tische herum stapeln sich die alten Lasterplanen, zusammengefaltet und schmutzig: der Freitag-Rohstoff.

Die ersten Plastikplanen schleppten die Brüder Markus und Daniel Freitag noch in ihre Studenten-WG, säuberten sie in der Badewanne und vernähten sie dann mit alten Anschnallgurten und gebrauchten Fahrradschläuchen zu einer Tasche. Klassisches Upcycling, nur dass den Begriff damals, 1993, noch kaum jemand kannte. Ein Vierteljahrhundert später sind die Freitag-Taschen zu Klassikern geworden - und die Brüder, obwohl noch keine 50, so etwas wie die Urväter von nachhaltigem Design. Heute gibt es die Freitag-Tasche in mehr als 80 Varianten, zum Urmodell haben sich Laptop-Hüllen, Rucksäcke und Reisetaschen gesellt. Etwa 550 000 Taschen und Accessoires aus Recycling-Material stellt die Firma der Brüder im Jahr her.

● https://www.sueddeutsche.de/stil/freitag-taschen-zuerich-upcycling-mode-1.4728006

語彙

Rundlaufspieler「（交替しながらプレーをする）卓球の選手」／**Häute** < Haut「皮膚、外皮」／**Lkw** < Lastkraftwagen「トラック」／**sich stapeln**「山積みになる」／**Lasterplan**「トラックの設計図」／**zusammengefaltet** < zusammenfalten「折りたたむ」／**Rohstoff**「原料」／**schleppten** < sich schleppen「苦労して運ぶ」／**vernähten** < vernähen「縫い合わせる」／**Anschnallgurt**「（座席に取り付けられた）シートベルト」／**Fahrradschläuchen** < Fahrradschlauch「（タイヤの）チューブ」／**nur dass ...**「ただし～の点を除いて」

解説

フライタークは、1933年にMarkusとDaniel Freitagの兄弟によってチューリヒにて創業されました。フライタークのカバンには、使い古されたLkw「トラック」の幌と廃車となった自動車のシートベルトが主に利用されています。本文にもKlassisches Upcycling, nur dass den Begriff damals, 1993, noch kaum jemand kannte. とある通り、1993年当時「リサイクル」という概念は徐々に一般に浸透してきていたものの、リサイクル品を商品として売り出すのはまだ一般的ではありませんでした。実際に、原料を使えるようにするだけでも初めは苦労したようです。30年以上経って、「リサイクル」はすでに人々の生活に根付いており、Nachhaltigkeit「持続可能性、サステナビリティ」という用語もまた最近では世界的なキーワードともなってきていますので、この記事では、創業者の兄弟のことを „die Urväter von nachhaltigem Design“「持続可能なデザインの祖」と呼んでいます。最近では自動車のエアバック（実際に使われなかったB級品）を利用したカバンも製造しているようです。

訳例

チューリヒ北部にある工場の空間、ここはまるで卓球のトレーニング施設のようである。巨大なテーブルが2つ、数十人の選手用の大きさである。しかし、同様にトラックの色とりどりのボディを拡げたくらいの大きさでもある。複数のテーブルの周りには、古いトラックの幌が折りたたまれ、汚れたまま積み重ねられている。それがフライタークの（カバンの）原材料である。

マルクスとダニエルのフライターク兄弟は、最初のプラスチックの幌を学生用WG（ルームシェアしている部屋）に引きずり込み、バスタブで洗浄した後、古いシートベルトや自転車のタイヤのチューブと一緒に縫い合わせてカバンを作った。クラシックなアップサイクル（リサイクル）。1993年当時、この概念を知っている者はほとんどいなかった。それから四半世紀、フライタークのカバンは古典となり、この兄弟はまだ50歳にもなっていないものの、サステナブルデザインの先駆者のような存在である。現在フライタークのカバンは80種類以上あり、オリジナルモデルに加え、ラップトップ用スリーブ、リュックサック、トラベルバッグなどが登場している。兄弟が経営する会社では、リサイクル素材から年間約55万個のカバンやアクセサリーが生産されている。

17 ドイツ語圏の宗教

プロテスタントとカトリック

Deutsch

スイスでは、プロテスタントの教会の屋根の上には「風見鶏」が、カトリックの教会には「十字架」が据えられています。なぜそのような違いがあるのでしょうか。この文章が書かれたのは2017年で、翌年の2018年の宗教改革500周年の機会に、カトリックとプロテスタントの双方から、それぞれの考え方の違いが説明されています。まずはプロテスタント側からの回答を見てみましょう。

読んでみよう

Warum steht auf reformierten Kirchen ein Hahn, auf katholischen ein Kreuz?
Kinder fragen, ein reformierter und ein katholischer Pfarrer antworten. Aus Anlass des Reformationsjubiläums beantworten zwei Konfessionsvertreter dieselben Kinderfragen zu Unterschieden zwischen Katholiken und Reformierten.

Die reformierte Antwort von Christoph Sigrist, Pfarrer am Grossmünster in Zürich: «Kirchen sind von Menschen gebaut, die an Gott glauben. Kirchen sind gebauter Glaube. Wer glaubt, redet wie einer, der in Gott verliebt ist. Und wenn du verliebt bist, dann fallen dir Bilder zu. ‹Du, Mutter, du bist für mich wie ein Fels mitten im Meer. Bei dir bin ich immer sicher.› Der Glaube redet mit Bildern der Liebe.

Der Hahn auf dem Turm von vielen reformierten Kirchen ist auch so ein Bild: Er steht dafür, dass der Hahn als erster den Morgen begrüsst. So haben die ersten Frauen und Männer am frühen Morgen das leere Grab von Jesus entdeckt. Der Schrei des Hahns verschmilzt mit dem Weckruf: ‹Jesus ist auferstanden!› Der Hahn erinnert jedoch auch an Petrus, den Jünger Jesu, der Jesus kurz vor der Kreuzigung dreimal verleugnet hat. Und der Hahn schrie jedes Mal danach. Für mich ist deshalb der Hahn auf dem Turm ein Fingerzeig von oben, wenn ich oder wir als Kirche Jesus verleugnen oder ihn verschweigen. Und das geschieht, wenn Menschen im Namen Gottes gefoltert, gekreuzigt und getötet werden.

● https://www.ref.ch/news/warum-steht-auf-reformierten-kirchen-ein-hahn-auf-katholischen-ein-kreuz/

語彙

aus Anlass + 2格「〜を機会に」／**Reformationsjubiläums**「宗教改革（500周年）の記念祭」／**Pfarrer**「牧師」／**verliebt**「惚れ込んだ、夢中になった」／**zufallen**「〜のものになる、与えられる」／**Fels**「岩盤」／**für ... stehen**「〜を代表する、代わりとなる」／**begrüßen**「挨拶する」／**Grab**「墓」／**verschmelzen**「融合する」／**Weckruf**「起床の合図」／**auferstehen**「よみがえる」／**Jünger**「弟子、使徒」／**verleugnet** < verleugnen「否認する」／**Fingerzeig**「合図、暗示」／**verschweigen**「黙っている、秘匿する」／**gefoltert** < foltern「拷問にかける」

解説

「グロスミュンスター大聖堂」(Grossmünster) は､チューリヒにあるプロテスタントの教会です。この大聖堂の牧師の説明によれば、教会は建物の形をした「信仰」（Glaube）であり、信仰は愛のイメージとともに語られます。教会の塔の上の風見鶏もまた、そのようなイメージの一種であると言えます。イエスの墓が空っぽになっていることが発見されたのが朝早くだったので、朝一番に挨拶する雄鶏は、イエスの復活を表しています。動詞begrüssen「挨拶する」はドイツの正書法ではbegrüßenと綴られます。先にも触れた通り、スイスでは、ß「エスツェット」は使われていません。後で出てくるwissenの3人称単数形weiss (weiß) などもそうですね。

もう一つ重要なのは、雄鶏によってイエスの使徒の一人、ペトロ (Petrus) が思い起こされるということです。福音書によれば、ペトロはイエスが磔にされる前にイエスのことを三度「知らない」と答え、イエスを裏切ったとされています。その直後に雄鶏が鳴き、イエスはそのことを予言していました。そのため、雄鶏、そして教会の上の風見鶏は、人間の弱さを自覚させつつ、信仰を呼び起こすものであるということです。それから、ペトロはイエスの予言や復活によってイエスへの信頼を深め、伝道に励むことになりました。「ペトロ」という語には本来、ギリシア語で「岩＝教会の土台」という意味があります。

つぎに、カトリック側からの回答も確認してみましょう。

読んでみよう

Die katholische Antwort von Christian Rutishauser, Priester und Provinzial der Schweizer Jesuiten: «Wenn ich vor einer Kirche stehe, weiss ich nicht immer, ob es eine katholische oder eine reformierte Kirche ist. Der Hahn und das Kreuz auf der Kirchturmspitze sind aber Erkennungszeichen. Sie sagen mir: Diese Kirche ist reformiert. Diese Kirche ist katholisch. So ist es jedenfalls in der Schweiz. Im Ausland kann es aber genau umgekehrt sein. In Süddeutschland zum Beispiel steht oft ein Hahn auf der katholischen und ein Kreuz auf der reformierten Kirche. Also aufgepasst!

Hahn und Kreuz erinnern daran, was in der Kirche im Gottesdienst gefeiert wird. Beginnen wir mit dem Kreuz: Es steht für Jesus Christus. Er wurde gekreuzigt und hat sich überhaupt nicht dagegen gewehrt. Er hat sein Leben hingegeben für die Menschen. Das Kreuz ist also ein Zeichen für die Gewaltlosigkeit Jesu. Er hat am Kreuz sogar denen, die ihn quälten, vergeben. So hat er gezeigt, wie barmherzig Gott ist.

Auch der Hahn erinnert daran, dass der Mensch immer wieder Vergebung braucht. Der Hahnenschrei mahnt: Rette dich nicht mit Lügen wie Petrus! Der hat nämlich aus lauter Angst gelogen und gesagt: Ich habe nichts mit Jesus zu tun. Als man Jesus kreuzigte, ist er einfach weggelaufen. Doch als der Hahn krähte, ging es ihm durch Mark und Bein! Er konnte nur noch weinen, weil er seinen Freund Jesus verraten hatte. Der Hahn, der schon am frühen Morgen kräht, will uns also sagen: ‹Sei ganz wach! Lass dich nicht von Jesus wegziehen. Und wenn dir das doch einmal passiert ist, dann geh immer wieder zu ihm.›»

● https://www.ref.ch/news/warum-steht-auf-reformierten-kirchen-ein-hahn-auf-katholischen-ein-kreuz/

語彙

Priester「(カトリックの) 司祭」／**Provinzial**「(修道会の) 管区長」／**Erkennungszeichen**「目印、識別標識」／**jedenfalls**「とにかく、少なくとも」／**Gottesdienst**「礼拝」／**sich gegen ... wehren**「～から身を守る、～に逆らう」／**hingeben**「～を引き渡す、ゆだねる」／**Gewaltlosigkeit**「非暴力 (性)」／**quälen**「肉体的苦痛を与える」／**vergeben**「許す」／**barmherzig**「慈悲深い」／**Hahnenschrei**「雄鶏の鳴き声」／**mahnen**「警告する」／**sich retten**「我が身を救う、逃れる」／**gelogen** < lügen「嘘をつく」の過去分詞形／**krähte** < krähen「(雄鶏などが) 鳴く」の過去形／**... durch Mark und Bein gehen**「～の骨身にしみる」／**verraten**「裏切る」

解説

この文章ではスイス・イエズス会の司祭兼管区長が回答しています。名詞Priesterは「司祭」のことを指しますが、宗派にもよるものの、プロテスタントではあまり用いられず、たいていPfarrer「牧師」の語が使われます。

カトリック側からも、雄鶏と十字架はそれぞれの教会を識別するしるしであると回答しています。スイスではカトリックは十字架、プロテスタントは風見鶏と決まっていますが、地域によっては（特にドイツ南部などでは）、全く反対に、プロテスタントの教会の上に十字架、カトリックの教会の上に風見鶏が設置されているところもあるようです。

こちらの説明では、十字架はイエスの代わりとなっており、無抵抗のまま磔にされた非暴力性の象徴とみなされます。つまり、暴力を与えた人々に許しを与える神の慈悲深さの証ということです。

スイス・トゥールガウ州の街、ローマンスホルン (Romanshorn) にある教会の建物です。

訳例

なぜ改革派の教会には雄鶏が、カトリックの教会には十字架が据えられているのだろうか。

子どもたちの問いかけに対して、プロテスタントとカトリックの修道士が答える。宗教改革記念日をきっかけにして、子どもたちのひとつの質問を通して、2人の宗教者がカトリックとプロテスタントの違いを解説する。

チューリヒのグロスミュンスター大聖堂のChristoph Sigrist牧師によるプロテスタント側からの回答:「教会は、神を信じる人々によって建てられるものです。教会は信仰によって築かれます。信じる人は、神に恋している人のような話し方をします。そして、恋をしているとイメージが湧いてきますね。『母よ、あなたは私にとって海の真ん中の岩のような存在です。あなたと一緒なら、私はいつも安全です』。信仰は愛のイメージで語られます。

プロテスタント教会の塔の多くにある雄鶏もそうしたイメージのようなものです。雄鶏は最初に朝を迎えるということが表現されているのです。そのようにして、最初の女性や男性たちは、空っぽになったイエスの墓を早朝に発見しました。雄鶏の鳴き声は、『イエスはよみがえった！』という呼び声と融合しています。しかし、この雄鶏はまた、イエスの弟子で、十字架に磔にされる直前にイエスを3度否定したペトロを思い起こさせるものでもあります。そして、ペトロが否定するたびに雄鶏は鳴きました。だから私にとって塔の上の雄鶏は、私や私たち教会がイエスを否定したり、黙らせたりするときに、上からそのことを暗に示すものとなっています。そして、このことが生じるのは、神の名のもとに人々が拷問され、十字架に磔にされ、殺されるときです」

スイスのイエズス会の司祭・管区長であるChristian Rutishauser氏によるカトリック側からの回答：「教会の前に立つとき、それがカトリックの教会なのかプロテスタントの教会なのかということは、いつもわかるわけではありません。しかし、尖塔にある雄鶏と十字架は、識別標識になっています。その標識は私に言います。この教会はプロテスタントだ。この教会はカトリックだ、と。少なくともスイスではそうなっています。しかし、海外ではその逆であることがあります。たとえば南ドイツでは、カトリックの教会には雄鶏、プロテスタントの教会には十字架が据えられていることがよくあります。ですので、どうかお気をつけて。

雄鶏と十字架から思い起こされるのは、教会で礼拝中に催されるようなことです。まずは十字架から説明しましょう。十字架はイエス･キリストを表しています。彼は十字架にかけられたのに、まったく抵抗しませんでした。彼は人々のために命を捨てました。つまり、十字架はイエスの非暴力の証なのです。十字架に磔にされ、イエスは自分を苦しめる者たちをも赦しました。そのようにして、神がいかに慈悲深いかということを示したのです。

また、雄鶏によって人間が常に許しを必要としていることを思い知ることができます。ペトロのように嘘で自分を救うのではない、と雄鶏は戒めます。なぜなら、ペトロは恐れから嘘をつき、言いました。私はイエスとは何の関係もありません、と。イエスが十字架にかけられたとき、ペトロはただ逃げ出しただけでした。けれども、雄鶏が鳴いたとき、その鳴き声は彼の骨身にしみました。彼は友人であるイエスを裏切ったので、ただ泣くことしかできませんでした。だから、朝早くから鳴く雄鶏は、私たちにこう言いたいのです。『目覚めよ。イエスから離れるな。そして、もしそれが起きてしまったときには、いつも彼の元に戻ってきなさい』と」

コラム
10

マルティン・ルター像

この写真は、ドイツ・チューリンゲン州の州都エアフルトにあるルター像です。エアフルトの旧市街の一角、AngerのKaufmannskircheの前にあります。マルティン・ルター（Martin Luther, 1483-1546）は、1501年にエアフルト大学に入学し、その後約10年間をこの地で過ごしました。像の台座には、次の聖書の引用句があります。

Ich werde nicht sterben, sondern leben und des Herrn Werk verkündigen.
「私は死ぬことなく、生きて主の御業を伝えるだろう。」
ルター訳聖書、詩篇118篇17節

Dr. MARTIN LUTHER
ICH WERDE NICHT STERBEN
SONDERN LEBEN UND DES

Dr. MARTIN LUTHER
ICH WERDE NICHT STERBEN,
SONDERN LEBEN UND DES
HERRN WERK VERKUENDIGEN
PSALM 118 V. 17

18 ドイツ語圏の建築 ウィトゲンシュタインハウス

Deutsch

ドイツには、トリーア大聖堂（Trierer Dom）に代表されるロマネスク様式の建造物があり、ケルン大聖堂（Kölner Dom）やレーゲンスブルクの大聖堂などはゴシック様式で有名です。オーストリアのウィーンにもまた、ゴシック様式のシュテファン大聖堂（Stephansdom）や荘厳なホーフブルク宮殿（Hofburg）をはじめとしてあらゆる装飾を施した建物が並び、世界中から観光客を集めています。その一方で、20世紀ウィーンを代表する建築家アドルフ・ロース（Adolf Loos, 1870-1933）は、「装飾は害悪である」（Ornament ist Verbrechen）という考えから、豪華に彩られたウィーン中心部の建築群を批判しました。1910年頃ロースによってホーフブルク宮殿のすぐ近くに建てられた通称「ロースハウス」（Looshaus）は、いわゆるモダニズムの建築を体現する建物です。

ウィーンのホーフブルク宮殿

読んでみよう

Haus Wittgenstein

Margaret Stonborough-Wittgenstein, eine Dame der Wiener Gesellschaft, gab 1926 Paul Engelmann, einem ehemaligen Schüler von Adolf Loos, den Auftrag ein Stadthaus zu bauen. Bei der Planung dabei war auch Margarets Bruder, der Philosoph Ludwig Wittgenstein. Wittgenstein, durch den Verlust seiner Lehrerstelle in einem seelischen Tief, machte sich mit vollem Elan an das Projekt und verdrängte mit seinen Ideen Engelmann immer mehr. Von nun an war Ludwig Wittgenstein der alleinige Architekt, der sich größten Teils an die Grundrisse und das Volumen von Engelmann hielt, jedoch das ganze Gebäude nüchtern gestaltete und vor allem die Proportionen der Räume und deren Anordnung verfeinerte. Ursprünglich war das Gebäude auf dem Familiengrundstück an der Renngasse geplant worden. Im Laufe der Planung hatte aber Margaret Stonborough eine Parzelle an der Kundmanngasse im Kreis 3 entdeckt, dass sie durch seine alten Kastanienbäume in den Bann gezogen hatte. Nun wurde das Projekt, ohne große Anpassungen an den Plänen, auf dem neuen Grundstück weiter geplant. Das Haus, welches 1928 fertig gestellt war, hat 3 Geschosse, wobei das Hauptgeschoss 1.50m über dem Terrain zu stehen kam.

● http://www.haus-wittgenstein.at/DAS-HAUS.html

語彙

Auftrag「依頼」／**Planung**「計画、設計」／**Verlust**「喪失、紛失」／**Elan**「高揚、感激」／**sich an ... machen**「〜に取りかかる」／**verdrängen**「抑圧する」／**Grundriss**「平面図」／**sich an ... halten**「〜を頼りにする」／**nüchtern**「冷静な、無味乾燥な」／**verfeinern**「洗練させる」／**Grundstück**「土地、地所」／**Parzelle**「分割された土地」／**... in den Bann ziehen**「〜を魅了する」／**ohne große ...**「それほど〜もなしに」／**Terrain**「敷地、建築用地」

文法

●過去表現（過去形・現在完了形）

過去のできごとについて述べる場合、seinやhaben動詞の過去形を除くと、特に話しことばのときにはドイツ語では現在完了形が使用されることが多いです。一方で、小説や論文、新聞や雑誌といった書きことばの場合のように、現在とは関係のない過去の出来事について述べる場合には過去形が好まれます。machte < machenのように規則変化するものもあれば、

war < seinやhatte < haben、本文にもあるgab < gebenのように、不規則変化をするものもあります。

現在完了形の場合、habenもしくはseinの現在人称変化形を文の2番目に置き、動詞の過去分詞の位置は文末になります。haben支配となる動詞が多いものの、4格の目的語をとらず、場所の移動や状態の変化を表す動詞はsein支配となります。この文章では現在完了形は使用されていませんが、代わりに過去完了形が使用されています。過去完了形では、助動詞habenまたはseinは過去人称変化形となり過去分詞を文末に置きます。文の意味としては、過去のある時点よりも前に完了している出来事について言及する表現となります。

ウィトゲンシュタインハウスとマルガレーテの肖像画（ミュンヘンのNeue Pinakothek所蔵）

解説

Haus Wittgenstein「ウィトゲンシュタインハウス」は、アドルフ・ロースの弟子、パウル・エンゲルマン（Paul Engelmann, 1891-1965）という建築家によって造られました。哲学者ルートヴィヒ・ウィトゲンシュタインの実の姉、マルガレーテ・ストンボロウ＝ウィトゲンシュタイン（Margaret Stonborough-Wittgenstein, 1882-1958）がエンゲルマンに市中の邸宅の建築を依頼したことがきっかけです。マルガレーテの肖像画は、1905年にグスタフ・クリムト（Gustav Klimt, 1862-1918）が描いたもので、現在はミュンヘンのノイエピナコテーク（Neue Pinakothek）に所蔵されています。

建物の設計には、ルートヴィヒ・ウィトゲンシュタインも参加していました。ルートヴィヒは当時、『論理哲学論考』（Tractatus Logico-philosophicus）を書き終え、その後哲学界から離れて地方の小学校教員をしていたものの、諸々の揉め事を起こして教員の職を辞しており、最終的に修道院の庭師の仕事などをしていました。そうしたなかで、この建築プロジェクトはルートヴィヒにとって生きがいとなるものでした。平面図や立体空間などの大部分についてはエンゲルマンに頼っていたルートヴィヒでしたが、建物全体の構成を考え、特に室内空間の比率や配置にこだわりました。また、本来この建物はRenngasseにある家族所有の土地への建設が計画されていました。しかし、設計の過程で、マルガレーテはKreis 3のKundmanngasseにある一区画を見つけ、その通りにあった古い栗の木々に魅了されていました。この箇所の2文、Ursprünglich war das Gebäude ... geplant worden. とIm Laufe der Planung hatte aber Margaret Stonborough eine Parzelle an der Kundmanngasse im Kreis 3 entdeckt, ... では、war ... geplant worden とhatte ... entdecktというように、両文とも過去完了形が使われています。つまり、その文法的要素を通して、2文が説明する内容が、この文章の記述する過去の時点よりも前に完了している出来事であるということがわかります。ちなみに、受動の助動詞werdenの過去分詞はwordenとなりますね。建築予定地の変更にもかかわらず、それほど調整も行なわれず、そのプロジェクトはそのまま計画されていったようです。結局、その家が1928年に完成された時には3階建てとなっており、一階は敷地から1.5メートルの高さのところにありました。メインフロアの高さは写真からも見て取ることができます。

訳例

1926年、ウィーンの社交界に身を置く女性、マルガレーテ・ストンボロウ＝ウィトゲンシュタインは、アドルフ・ロースの教え子であったパウル・エンゲルマンにタウンハウスを建設するよう依頼した。この計画には、マルガレーテの弟、哲学者ルートヴィヒ・ウィトゲンシュタインも参加していた。ウィトゲンシュタインは、教師の職を失ったことで精神的に落ち込んでいたが、精力的にこのプロジェクトに取り組み、そのアイデアでエンゲルマンをますます追い込んでいった。それ以後、ルートヴィヒ・ウィトゲンシュタインは孤高の建築家であったため、エンゲルマンの平面図や大きさをほぼ忠実に守りながらも、建物全体を冷静に設計し、何よりも部屋のプロポーションや配置を洗練させた。その建物は当初、Renngasseにある家族の敷地内への建築を計画されていた。しかし、その計画の途上で、マルガレーテ・ストンボロウは、Kreis 3のKundmann-gasseにある区画を発見し、彼女はそこにあった古い栗の木の魅力に取りつかれた。そのとき、図面は大きく修正されることなく、そのプロジェクトは新しい土地で続行された。1928年に完成したこの住宅は3階建てで、主階は地上から1.5メートルの高さのところまできている。

建物の玄関部分にある石碑にもつぎのように書いてあります。

読んでみよう

Dieses Haus wurde von Ludwig Wittgenstein（1889-1951）gemeinsam mit Paul Engelmann（1891- 1965）entworfen und 1929 fertig gestellt
1971 unter Denkmalschutz gesetzt
1975 von der Botschaft der Volksrepublik Bulgarien erworben und instandgesetzt

語彙

entworfen < entwerfen「設計する、デザインする」／**Botschaft**「大使館」／**instand setzen**「良好な状態にする、改修する」（instandsetzen は新正書法では分かち書き）

解説

「この建物はルートヴィヒ・ウィトゲンシュタインとパウル・エンゲルマンによってデザインされ、1929年に竣工した。1971年には文化財保護の下に置かれ、1975年にはブルガリア人民共和国大使館によって購入後、改修された。」

文法的には、年号の前には前置詞は必要ないということに注意しましょう。ただし、im Jahr を挿入して、im Jahr 1971「1971年に」のように表現することもあります。

ウィトゲンシュタインハウスには、この石碑が設置されたときはブルガリア大使館が置かれていましたが、現在この建物は、オーストリアやブルガリアだけでなく、世界中の文化や芸術を推進するブルガリア文化会館として機能しているようです。

19 ドイツと日本 アインシュタインの来日

Deutsch

今から100年ほど前、物理学者アルバート・アインシュタインが日本にやってきました。バートランド・ラッセルの解説を合わせて、ウィトゲンシュタインの『論理哲学論考』独英対訳版がロンドンのRoutledge and Kegan Paul社から刊行されたのと同じ年、1922年の終わりのことです。日本へと向かう船の上で、アインシュタインは1921年度のノーベル物理学賞の受賞の知らせを受けました。

読んでみよう

„Nie in meinem Leben bin ich in Berlin mehr und echter beneidet worden wie in dem Augenblicke, als man erfuhr, dass ich nach Japan eingeladen sei", schreibt Albert Einstein in seiner „Plauderei über meine Reise in Japan" auf dem Briefpapier des Kanaya-Hotels in Nikkô, „... ein solcher von meiner Art soll eigentlich still in seinem Zimmer sitzen bleiben und studieren... Als aber Yamatos Einladung nach Japan kam, entschloss ich mich sofort zu der großen Reise ... ohne dass ich dafür eine andere Entschuldigung anführen kann als die eine, dass ich es mir nie hätte verzeihen können, wenn ich die Gelegenheit, Japan mit eigenen Augen zu sehen, hätte unbenützt vorbeigehen lassen."

Insgesamt 43 Tage weilte Einstein auf Einladung des Kaizô-Verlages Ende 1922 mit seiner zweiten Frau Elsa in Japan. Während der Schiffsreise dorthin erreichte ihn auf der „Kitano Maru" das Telegramm mit der Nachricht, dass ihm rückwirkend für das Jahr 1921 der Nobelpreis für Physik zuerkannt worden war.

Die Reise durch Japan gestaltete sich daraufhin zu einem wahren Triumphzug der Relativitätstheorie. Der deutsche Botschafter berichtete an das Auswärtige Amt von „superlativen Ehrungen". Nach seiner Ankunft in Kobe hielt Einstein in Tokyo, Sendai, Nagoya, Kyoto, Osaka u.a. Städten 18 Vorträge vor Studenten, Schülern und naturwissenschaftlichen Vereinen; er erwies sich als denkbar geeigneter Botschafter der nach dem Ersten Weltkrieg wieder aufblühenden deutschen Naturwissenschaften.

Trotz der anstrengenden Verpflichtungen nutzte das Ehepaar jede freie

Minute zu persönlichen Begegnungen, Besichtigungen kulturhistorischer Stätten – besonders Malerei und Holzschnitzkunst hatten es ihnen angetan – bzw. um sich mit den gänzlich anderen Sitten und Gebräuchen Japans vertraut zu machen, angefangen bei der Esskultur über die Teilnahme an einer Teezeremonie bis zur Praktikabilität japanischer Holz-Bauten.

Beate Weber, „Wie Einstein Weihnachten 1922 in Japan verbrachte",
Humboldt, 8. Dezember 2005, S.11

● https://beatewonde.de/journalistic/plauderei-ueber-japan-wie-einstein-weihnachten-1922-in-japan-verbrachte/

語彙

beneiden「うらやむ」／**Plauderei**「おしゃべり、雑談」／**in dem Augenblicke, als ...**「～したその瞬間に」／**erfahren**「～を知らされる、聞き知る」／**sich[4] zu... entschließen**「～をする決心を固める」／**anführen**「～を持ち出す、引き合いに出す」／**jm. et[4] verzeihen**「～を…のことで許す」／**die Gelegenheit unbenützt vorbeigehen lassen**「みすみす機会を逃す」／**zuerkennen**「認定する、授与する」／**sich[4] zu ... gestalten**「～になる」

解説

1922年の終わり、フランスから日本郵船「北野丸」に乗って日本へと向かったアルバート・アインシュタインとその妻エルザは、11月17日に神戸に到着し、その同日に汽車で京都まで向かったそうです。当時の朝日新聞の記事によると、その後、43日間の滞在の間に、一般の人々を対象としたものから学術的なものまで、東京、仙台、名古屋、京都、大阪、神戸、福岡などの各地で講演を行なうというスケジュールでの来日でした。そのような強行日程にあっても、日光や奈良にも足を運ぶなど、滞在先での観光もとても楽しんだようです。日本の食文化や芸術に親しみ、その中でも日本の建築に興味があり、特に「今まで見てきたなかで京都御所の建築が一番美しい」ということばを残しています。

訳例

「日本に招待されたと知らされた時ほど、私がベルリンで羨ましく思われたことはない」とアルバート・アインシュタインは、日光金谷ホテルの便箋にしたためた「私の日本旅行についての雑談」の中で語っている。「私のような者は、本来自分の部屋で静かに閉じこもって研究すべきである。しかし、大和から日本への招待状が届いたとき、私は即座にその大旅行を決行した。自分の目で日本を見るというこの機会をみすみす逃したとしたら、自分を決して許すことはできないだろう、ということ以外になんの言い訳を持ち出すこともできないまま。

アインシュタインは、1922年の終わり、改造社の招きで2番目の妻エルザとともに合計43日間日本で過ごした。日本への船旅の途中、「北野丸」の上で電報を受け取った。それは1921年のノーベル物理学賞が遡って彼に授与されるというものであった。

そういった意味でも、この日本縦断の旅は、まさに相対性理論の凱旋パレードとなったのである。ドイツ大使は、外務省に「最上級の栄誉」を報告した。神戸に到着後、アインシュタインは、東京、仙台、名古屋、京都、大阪などの都市で、大学生や学生、自然科学の学術団体を対象に18回の講演を行なった。第一次世界大戦後、再び隆盛を迎えていたドイツの自然科学の大使として、考えられるかぎり最も ふさわしい存在であることを証明した。

こうした骨の折れる義務があったにもかかわらず、時間の許す限り、この夫妻は個人的なおもてなしを受けたり、文化的な史跡を訪ねたりした（特に絵画や木彫り芸術などに夢中になった）。ほかにも、茶道に参加するなどの日本の食文化に始まり、日本の木造建築の実用性まで、まったく異なる日本の習慣や伝統に親しんだ。

ベルン旧市街にあるEinsteinhaus Bernの写真です。

コラム
11

フロイト博物館

フロイト博物館(Sigmund Freud-Museum)は、オーストリア・ウィーンのベルクガッセ(Berggasse)にあります。Sigmund Freud, Begründer der Psychoanalyse, wohnte und arbeitete hier von 1891-1938. と下の写真内の上のプレートにもある通り、1891年から、ジークムント・フロイト(1856-1939)がイギリスに亡命する1938年まで暮らし、仕事場(診療所)としていたところです。下のプレートでは、フロイトは、「心理分析の創始者で設立者」(der Schöpfer und Begründer der Psychoanalyse)と記されていますね。Schöpferと Begründerは似たような語ですが、動詞にするとschöpfen「～を生み出す、創造する」とbegründen「～を基礎づける、設立する」というように区別できます。建物の外観は、2020年に改築された際に一新され、現在は大きな赤いFREUDの看板も撤去されているようです。

FREUD

SIGMUND FREUD-
MUSEUM

20 ドイツの高等教育 ハイデルベルク大学/エラスムス計画

ドイツで最も古い大学は、1386年に設立されたハイデルベルク大学で、正式名称は「ループレヒト・カール大学ハイデルベルク」です。神聖ローマ帝国内では、チェコのプラハ大学（1348年創立）、オーストリアのウィーン大学（1365年創立）に次いで、3番目に古い大学です。

読んでみよう

1386 gründet Kurfürst Ruprecht I. von der Pfalz in Heidelberg eine Universität. Heidelberg ist nach Prag（1348）und Wien（1365）die dritte Universitätsgründung im Römischen Reich. Das abendländische kirchliche Schisma, das das europäische Christentum in zwei feindliche Lager spaltete, wurde 1378 ausgelöst durch die Doppelwahl eines Nachfolgers des Papstes Gregor XI. Ein Papst war in Avignon und der andere in Rom. Die deutschen säkularen und geistlichen Herren sprachen sich für den Papst in Rom aus, was für Studenten und Lehrer deutscher Nation den Verlust von Mitteln und Ausbildungsrechten in Paris bedeutete.

Kurfürst Ruprecht I. nutzte dies zu Verhandlungen mit der Kurie, um eine Stiftungsbulle zur Gründung der Universität Heidelberg auszustellen. Am 26. Juni 1386 beschloß er, gemäß der Erlaubnis von Papst Urban VI. in Heidelberg ein Studium Generale nach Pariser Vorbild einzurichten. Als Organisator und erster gewählter Rektor bestimmte neben dem Kurfürsten der bedeutende niederländische Gelehrte Marsilius von Inghen（1340/1396）die Gründungsphase der Universität.

Nach bescheidenen Anfängen mit drei Magistern nahm die Zahl der Lehrer und Immatrikulationen in den vier Fakultäten Theologie, Jurisprudenz, Medizin und Artistenfakultät rasch zu. 1391 vertrieb Kurfürst Ruprecht II. die Juden aus der Stadt. Er ließ ihr Eigentum konfiszieren und der Universität übergeben. Die Synagoge wurde Marienkapelle, später Hörsaal der Universität. Bis zur Mitte des 16. Jahrhunderts bestand der Lehrkörper aus etwa 15 Personen. Die jährlichen Neueinschreibungen stabilisierten sich bei durchschnittlich 170.

1632 wurde die Universität im dreißigjährigen Krieg geschlossen, 1652 durch Kurfürst Karl Ludwig wiedereröffnet. Erneute Schließung durch den

Pfälzischen Erbfolgekrieg 1689-1703, danach keine richtige Konsolidierung. 1803 nach Übergang an Baden Neuorganisation durch Markgraf Karl Friedrich von Baden (dieser seither als 2. Gründer geltend). Seit Sommersemester 1805 nennt sich die Universität Heidelberg Ruperto Carolina bzw. Ruprecht-Carolinische Universität.
Am 1. April 1945 wird die Universität von der amerikanischen Militärregierung geschlossen, am 15. August 1945 wird sie als erste deutsche Universität wieder geöffnet.

● http://www.s197410804.online.de/Universitaet/universitaet.htm

語彙

Kurfürst「選帝侯」／**abendländisch**「西洋の」／**auslösen**「勃発させる」／**sich für ... aussprechen**「〜に賛成を表明する」／**Verlust**「喪失」／**Bulle**「教皇勅書」／**ausstellen**「(文章・証書などを) 発行する」／**Rektor**「学長」／**vertreiben**「追放する」／**konfiszieren**「差し押える、没収する」／**Lehrkörper**「教師陣」

文法

●再帰代名詞・再帰動詞

再帰代名詞は、同一の文中で主語と同じものを指す代名詞です。本文にも再帰代名詞が出てきています。Seit Sommersemester 1805 nennt sich die Universität Heidelberg Ruperto Carolina bzw. Ruprecht-Carolinische Universität. の文中の動詞nennenは、「〜を〜と名づける、命名する」という意味がありますね。ここでは、名付けられる方の名詞に再帰代名詞sichが使われています。sichは文中の主語die Universität Heidelbergを指し、「ハイデルベルク大学が自分自身のことをルプレヒト・カール大学と呼んでいる」ということなので、「ハイデルベルク大学はルプレヒト・カール大学と呼ばれている」のように訳すのが自然ですね。Die jährlichen Neueinschreibungen stabilisierten sich bei durchschnittlich 170. の文にも再帰代名詞が使われています。動詞stabilisierenは「頑丈にする、安定させる」という意味ですが、再帰動詞として使用される場合には、「安定する」という意味になり、「年間の新規入学者数は平均170名と安定して推移した」ということになります。ここで使用されているEinschreibungという単語もまた、教育関連の文章ではよく出てきますので覚えておきましょう。動詞einschreibenは「記入する、書き込む」という意味を持ち、大学での手続きを示す場合には「登録する」というように訳されることがほとんどです。

ハイデルベルク城 (Schloss Heidelberg) から旧市街を見下ろす。

解説

1386年創立のハイデルベルク大学は、当初は、法学、医学、神学、哲学の4学部であり、現在は12学部から構成されています。本文では、哲学部 (Philosophische Fakultät) にはリベラル・アーツを教える「文芸学部」(Artistenfakultät) の用語が使われています。

ドイツの大学には、いくつかの類型があります。「総合大学」(Universität) は、理念として「研究活動と教育活動の統合」の原則を持ち、「学士」(Bachelor)、「修士」(Master, Magister) だけでなく、「博士」(Doktorat) のような学術上の学位や「教授資格」(Habilitation) を与える権限があります。また、主に自然科学、社会学、経済学、工学、芸術学などを専門とする単科大学は、「専門大学」(technische Hochschule) と呼ばれます。実践に近い教育と研究を追求する場で、いわゆる「総合大学」(Universität) とは区別されています。「芸術大学」(Kunsthochschule) や「音楽大学」(Musikhochschule) のように、造形芸術や音楽、工業・服飾・グラフィックなどのデザイン、ほかにもスポーツのような分野の学問や技術を教えるところがあります。また、ビジネススクールやホテルスクールといった特定の分野に特化した大学もあります。

「総合大学」に入学するには、「アビトゥーア」(Abitur) という大学入学資格試験に合格する必要があり、中等教育機関である「ギムナジウム」(Gymnasium) の最終学年の生徒がこの試験を受けます。オーストリアやスイスにも、「マトゥーラ」(Matura) と呼ばれる同等の試験があります。また、ドイツ語圏スイスの州では、ギムナジウムに当たる中等学校のことを「州学校」Kantonsschuleと呼ぶところがあります (ベルンやバーゼルなどの州では、Gymnasiumの呼称を使っています)。

訳例

1386年、プファルツ選帝侯ルプレヒト1世がハイデルベルクに大学を設立する。ハイデルベルクは、ローマ帝国の中で、プラハ（1348年）、ウィーン（1365年）に次いで3番目に設立された大学である。ヨーロッパのキリスト教が敵対する2つの陣営に分かれる「西方教会分裂」が1378年に起きた。ローマ教皇グレゴリウス11世の後継者が二重に選出されたことがきっかけである。一人はアビニョンに、もう一人はローマにいたのである。ドイツの世俗的、教会的領主はローマの教皇に賛成を表明した。それはつまり、ドイツ人の学生や教師にとって、パリでの資金と教育の権利を失うことを意味した。

選帝侯ルプレヒト1世は、ハイデルベルク大学を設立するための寄附の教皇勅書を発行するように、教皇庁と交渉する機会としてこのことを利用した。1386年6月26日には、教皇ウルバヌス6世の許可を得て、パリ大学を手本とした「一般学問所」（Studium Generale）をハイデルベルクに設立することを決定した。選帝侯と並んで、組織者かつ最初の学長として、オランダの優れた学者であるマルシリウス・フォン・インヘン（1340-1396）が、大学の創設期を担った。

当初は3名の修士課程（マギスター）の学生とともに始まったが、神学、法学、医学、文芸の4学部の教員数と入学者数は急速に増加した。1391年、選帝侯ルプレヒト2世はユダヤ人を街から追放した。彼らの財産は没収され、大学に引き渡された。シナゴーグはマリエン教会（Marien-kapelle）となり、後に大学の講義室となった。16世紀中頃には、教員は15人ほどになっていた。年間の新規入学者数は平均170名と安定的に推移した。

1632年、三十年戦争で大学は閉鎖されたが、1652年には、選帝侯カール・ルートヴィヒによって再び開校された。1689年から1703年のプファルツ継承戦争で再び閉鎖され、その後本格的な統合は行なわれなかった。1803年にバーデンに移管後、バーデン侯爵カール・フリードリヒにより再編成される（それ以降、2番目の創設者とみなされている）。1805年の夏学期から、ハイデルベルク大学はルペルト・カロライナ、またはルプレヒト・カロリニッシェ大学と呼ばれるようになっている（日本語では、ルプレヒト・カール大学と記すことが多い）。

1945年の4月1日には、大学がアメリカの占領軍司令部によって閉鎖されたが、1945年の8月15日には最初のドイツの大学として再び開放された。

[ERASMUSプログラム]

欧州連合（EU）は、欧州共同体（EC）を基盤として、1993年11月、マーストリヒト条約に従って設立されました。ERASMUSプログラムとは、EUとその周辺国の学生間の交流を目的として1987年に開始された計画です。ドイツの大学には30万人以上の学生が高等教育機関で学んでおり、これはドイツの大学生のうち、約11パーセントが海外からの学生ということになるそうです。ドイツの大学の国際性を支えているプログラムの一つがこのERASMUSです。

読んでみよう

Das ERASMUS Programm ist ein Förderprogramm der Europäischen Union. Durch das Erasmus Programm werden vor allem allgemeine sowie berufliche Bildung, Sport und Jugend gefördert. Das Bildungsprogramm für lebenslanges Lernen besteht bereits seit 30 Jahren und fördert die Mobilität von Studierenden, jungen Erwachsenen, Dozenten und ausländischem Unternehmenspersonal innerhalb 33 Ländern der EU.
Besonders bekannt und beliebt ist jedoch das Austauschprogramm von Erasmus – welches Studenten ermöglicht, durch einen drei- bis 12-monatigen Auslandsaufenthalt an einer Universität innerhalb der EU zu studieren oder ein Praktikum zu absolvieren. Während dieser Zeit im Ausland, werden Teilnehmer zudem finanziell und auch ideell unterstützt. Zu den wichtigsten Voraussetzungen um am ERASMUS Programm teilzunehmen gehören, dass man EU-Bürger ist und seit mindestens einem Jahr an einer deutschen Hochschule studiert.

● https://www.ef.de/erasmus/programm/

語彙

beruflich「職業の」／**Auslandsaufenthalt**「外国での滞在、海外留学」／**zudem**「そのうえ」／**ideell**「観念上の、精神的な」／**zu ... gehören**「～に欠かせない、必要である」

文法

●現在分詞

現在分詞を作る場合、動詞の不定詞末に -d を加えます。現在分詞は「継続中・未完了」の動作を表現し、名詞への付加語として使用するときには、「～している（名詞句）」のような形容詞的な使い方ができます。たとえば、fliegen「飛ぶ」という動詞はfliegend「飛んでいる」という形になりますね。現在分詞fliegendを形容詞として用いるfliegende Untertasseとは何でしょうか。直訳すれば「飛んでいる受け皿（ソーサー）」という意味ですが、日本語では「空飛ぶ円盤」と訳すのが一般的かもしれません。英語も、ドイツ語と同様にflying saucerと呼びます。Untertasseは女性名詞なので、fliegend は女性1格の名詞を修飾する形容詞と同じ格変化をします。

また、形容詞は大文字書きして名詞のように用いることができ、男性・女性・複数形では「～のような人（人々）」、中性ならば「～のようなもの・こと」を示します。形容詞化された現在分詞も、語頭を大文字にすることによって名詞的に使うことができます。たとえば、studieren「勉強する」という動詞からstudierendという現在分詞が作られ、さらに名詞化したStudierende

は「大学で学ぶ人々」ということなので、つまり「大学生」のことを指しています。高等教育機関において、「大学生」を指す際に、男性名詞StudentやStudentinに比べて、より中立的な呼称としてStudierendeという語を用いることが多くなってきました。たとえば、学生宛の文書やメールでは „Liebe Studentinnen und Studenten, ...“ のような書き出しが一般的ですが、最近では „Liebe Studierende, ...“ とすることも少なくありません。本文にはどちらの形も出てきます。Studierendeだけでなく、ほかにもLehrende「講師、教員」、Lernende「学習者」などの現在分詞の名詞化された形を使うケースも増えています。

解説

ERASMUSとは、European Region Action Scheme for the Mobility of University Studentsの頭文字をとったものです。ヨーロッパ全体で人的資源を養成するために、科学技術などの分野での人的交流を活発化させることを目標としています。ヨーロッパ（特にEU圏内）の高等教育機関が学術交流協定を結び、本文にもある通り、とりわけ、ヨーロッパの各大学に在籍する学生たちが1～2セメスターを別の大学で学ぶことを推進するプログラムが有名です。ドイツ語圏の大学には、国外からの正規の留学生も多く在籍していますが、それに加えてEUを含めた世界各国からの交換留学の学生たちもキャンパス内に多くいて、さまざまな国々からの学生たちとコミュニケーションを図ることができるのもドイツ語圏の高等教育機関で学ぶ魅力の一つです。そして、このERASMUSは、計画開始から30年以上経った現在でも、ヨーロッパの高等教育機関の国際化や人材確保のために重要な役割を担っています。

訳例

エラスムスプログラムは、欧州連合（EU）の資金援助プログラムである。エラスムス計画では、主に一般的もしくは職業的教育、スポーツ、若者たちが支援を受けている。生涯学習のための教育プログラムはすでに30年前から存在し、EUなどの33か国内で学生、若年層、講師、外国の企業に人材の交流を支援している。

しかし、エラスムスの交換留学プログラムは、特に有名で人気がある。そのプログラムの学生たちは、EU圏内の大学で3か月から12か月間の海外留学を行なったり、インターンシップに参加したりすることができる。また、この期間中、参加者たちは金銭的・精神的サポートを受けることができる。エラスムスプログラムに参加するための最も重要な条件は、EU市民であること、ドイツの高等教育機関で少なくとも1年間学んでいることである。

コラム
12

フンボルト大学ベルリン

森鷗外の『舞姫』はドイツのベルリンが舞台となっている小説ですが、その中に「ウンテル・デン・リンデン」というのが出てきます。ドイツ語にすると、Unter den Linden で、ベルリンの中心部にある大通りの名前です。unter は英語の under と同語源の前置詞で、「〜の下」を意味します。Linden は Linde「菩提樹」の複数形(ここでは3格)なので、Unter den Linden は、直訳すれば「菩提樹(の木々)の下」ということになります。実際にウンテル・デン・リンデン(通り)は菩提樹の並木道になっています。フンボルト大学 (Humboldt Universität zu Berlin)は、この大通りに面していて、写真の文句は大学内の階段の壁に刻まれています。

Die Philosophen haben die Welt nur verschieden interpretiert, es kommt aber darauf an, sie zu verändern.「哲学者たちは世界をさまざまに解釈してきたに過ぎない。しかし重要なことは世界を変えることである」

このことばは、カール・マルクス(Karl Marx, 1818-1883)の「フォイエルバッハに関する11のテーゼ」として知られているもののうちの一つで、1845年にメモとして書き留められていたもののようです。この壁の文字は東ドイツ時代の1983年に設置されました。マルクスの彫像は東西統一後にキャンパスから撤去されたようですが、この文句は大学の壁に残されました。

フンボルト大学からシュプレー島（Spreeinsel）を通って、ウンテル・デン・リンデンをさらに東へ行くと、聖マリア教会（St. Marienkirche）があります。聖マリア教会は、『舞姫』に出てくる教会のモデルではないかと言われており、主人公の太田豊太郎とエリスが出会う場所でもあります。写真の聖マリア教会の後ろには、テレビ塔があります。ベルリンのテレビ塔の高さは368メートルで、東京タワーよりも少し高いです。地上から約200メートルの高さのところに展望台があり、そこには回転レストランもあります。このレストランは一時間かけて軸を中心に一周するようになっていて、隣のアレクサンダー広場をゆったりと見下ろすことができるようになっています。

Deutsch

第3部

深める

21 言語の多様性

スイスの法律

Deutsch

チューリヒからインターシティ（IC）に乗れば、3時間ほどでフランス語圏のジュネーヴに到着します。2016年に「ゴットハルトベーストンネル」(Gotthard-Basistunnel) が開通したことによって、イタリア語圏のルガーノへ行くのに2時間もかかりませんし、そこからさらに1時間もあればミラノに着いてしまいます。この課では、スイスの言語についての法律を概観しながら、スイスの多言語状況を見てみましょう。

読んでみよう

Bundesgesetz über die Landessprachen und die Verständigung zwischen den Sprachgemeinschaften（Sprachengesetz, SpG）

vom 5. Oktober 2007（Stand am 1. Februar 2021）

2. Abschnitt: Amtssprachen des Bundes

Art. 5 Amtssprachen

1. Die Amtssprachen des Bundes sind Deutsch, Französisch und Italienisch. Rätoromanisch ist Amtssprache im Verkehr mit Personen dieser Sprache.
2. Die Bundesbehörden verwenden die Amtssprachen in ihren Standardformen.

● https://www.fedlex.admin.ch/eli/fga/2006/1176/de

語彙

Landessprache「国語」／**Amtssprache**「公用語」／**Behörde**「官庁、役所」

解説

スイスは、ドイツ語、フランス語、イタリア語、そしてロマンシュ語という4つの公用語を持つことで知られています。この法律の中で明示されているのは、公式のアナウンスをしたり、公文書を作成したりする際には、これらの公用語で話したり、記述したりする必要があるということです。ただし、ロマンシュ語については、「この言語の話者との交流においては」という追記があります。たとえば、ドイツ語圏に含まれるチューリヒ州の役所から送られてくる文書には、ドイツ語に加えて、フランス語、イタリア語も併記されていますが、基本的にロマンシュ語での記述はありません。このように、実際的な運用として、スイスでは州ごとにそれぞれの言語を決定する「属地主義」が採用されていて、ロマンシュ語話者が想定されるグラウビュンデン州の文書はロマンシュ語で書かれることになっています。

また、官庁等の公的機関で使用されるStandardform「標準形」とは、ドイツ語に焦点を絞るとすれば、StandarddeutschもしくはHochdeutsch「標準ドイツ語」ということになります。しかし、この標準ドイツ語もドイツで使用されるドイツ語とは少し異なります。スイスの標準形は、ドイツとは異なる制度や生活習慣に従ってスイスの方言により近い形となっている「スイス式標準ドイツ語」ということになります。Dudenが編纂している辞典『スイス式標準ドイツ語』には、約3500語が登録されています。たとえば、先にも少し触れましたが、スイスでは「州」を意味する語は、ドイツやオーストリアで用いられるBundeslandではなくKantonが使われ、それに応じて「中高等学校（ギムナジウム）」（ドイツのドイツ語ではGymnasium）はKantonsschuleと呼ばれます。

スイス・グラウビュンデン州のDisentisで撮影された写真です。看板には、上からロマンシュ語、ドイツ語、イタリア語、英語、そして日本語で書かれています。英語や日本語は観光客向けに記載されているようです。

訳例

国語と言語共同体間の理解についての連邦法（言語法）

2007年10月5日より（2021年2月1日時点）

第2節：連邦の公用語

第5条項 公用語

1. 連邦の公用語は、ドイツ語、フランス語、イタリア語である。ロマンシュ語は、この言語の話者との交流においては公用語である。
2. 連邦庁は、標準形で公用語を使用する。

読んでみよう

Art. 6 Wahl der Sprache

1. Wer sich an eine Bundesbehörde wendet, kann dies in der Amtssprache eigener Wahl tun.
2. Die Bundesbehörden antworten in der Amtssprache, in der sie angegangen werden. Sie können sich mit den Personen, die an sie gelangen, auf eine andere Amtssprache einigen.
3. Personen rätoromanischer Sprache können sich in deren Idiomen oder in Rumantsch grischun an die Bundesbehörden wenden. Diese antworten in Rumantsch grischun.
4. Der Bundesrat kann die freie Wahl der Amtssprachen einschränken für den Verkehr mit Behörden, deren Tätigkeit regional begrenzt ist.
5. Im Verkehr mit Personen, die keine Amtssprache beherrschen, verwenden die Bundesbehörden nach Möglichkeit eine Sprache, welche diese Personen verstehen.
6. Die besonderen Bestimmungen der Bundesrechtpflege sind vorbehalten.

● https://www.fedlex.admin.ch/eli/fga/2006/1176/de

語彙

sich an ... wenden「～に相談する、問い合わせる」／**angehen**「要求する」／**Idiome**「(特定の地域で使用される) 方言」／**Bundesrat**「連邦議会」／**einschränken**「制限する」／**Tätigkeit**「行為」／**beherrschen**「～を熟達している」／**Bestimmung**「規則、規定」

文法

●関係代名詞

関係代名詞は、文中の先行詞を示し、関係文(副文)を主文に結びつける働きを持っています。たとえば、本文では、... mit Personen, die keine Amtssprache beherrschen, ...「いかなる公用語にも熟達していない人々」のdieのように、文中で、dieはPersonの複数形を指しています。そして、主文ではPersonenは前置詞mitの目的語のため3格であり、副文中のdieは1格として機能していることがわかります。また、... mit Behörden, deren Tätigkeit regional begrenzt ist のderenの先行詞は名詞Behörde「官庁、役所」の複数形ですので、副文ではderen (Tätigkeit) は複数形2格となっていますね。

関係代名詞には、wer「～の人、者」、was「～のこと」のような不定関係代名詞というのもあります。本文でも、Wer sich an eine Bundesbehörde wendet, ...「連邦庁に問い合わせをする人」のように、不定関係代名詞のwerが使われています。

解説

スイスの連邦庁には、Departement für auswärtige Angelegenheiten（EDA）「連邦外務省」、Departement des Innern（EDI）「連邦内務省」、Finanzdepartement（EFD）「連邦財務省」、Justiz- und Polizeidepartement（EJPD）「連邦法務・警察省」、Departement für Umwelt, Verkehr, Energie und Kommunikation（UVEK）「連邦環境・運輸・エネルギー・通信省」、Departement für Wirtschaft, Bildung und Forschung（WBF）「連邦経済・教育・研究省」、Departement für Verteidigung, Bevölkerungsschutz und Sport（VBS）「連邦防衛・国民保護・スポーツ省」という7つの「省」（Departement）があります。

スイスの連邦内閣（Bundesrat）は連邦議会によって4年ごとに選出される7名の閣僚から構成され、この7名が各省の長を務めています。また、この7名の閣僚の中から、在職年数に応じて、一年ごとに連邦大統領（Bundespräsident/ Bundespräsidentin）が交代で選出されます。この7名の閣僚は同等の権限を有しており、一年任期の連邦大統領には主に国外に対してスイスの代表としての役割が求められます。

本文には、スイスの公用語のひとつであるロマンシュ語の記載もあります。先の「言語法」の第5条項でも確認した通り、ロマンシュ語については別個の規定が与えられています。ロマンシュ語では方言のことをIdiomenと呼び、Rumantsch grischun「ロマンシュ・グリシュン」というのは、ロマンシュ語の共通の書きことばです。

連邦議会議事堂（Bundeshaus）はベルンにあります。

訳例

第6条項　言語の選択

1. 連邦庁に問い合わせをする人は、自身の選択する公用語でこれを行なうことができる。
2. 連邦庁は、要求された公用語で回答する。連邦庁は、連邦庁に訴えを起こした各人と別の公用語で折り合いをつけることができる。
3. ロマンシュ語の各人は、各方言もしくはロマンシュ・グリシュンで連邦庁に問い合わせをすることができる。連邦庁は、ロマンシュ・グリシュンで回答する。
4. 連邦議会は、その行為が地域的に制限されるような役所とのやり取りのためには、公用語の自由な選択を制限することができる。
5. いかなる公用語にも熟達していない各人とのやり取りにおいては、連邦庁は、可能な限り、これらの人々が理解する言語を使用する。
6. 連邦法の保護についての特定の規則は留保されている。

22 ドイツ語圏の制度

閉店法

Deutsch

ドイツ語圏の国々で生活すると少し気をつけなければならないのは、日曜日の食事を事前に確保しておかなければならないことです。ちょうど週末にミルクが切れて買いに行っても近所のスーパーは閉まっていて、中央駅のキオスクまで足を運ばなければならなくなります。消費者の観点からすればこの「閉店法」は、ちょっと不便に感じますが、労働者を守る重要な法律であるとも言えます。

読んでみよう

Gesetz über den Ladenschluss

§1 Verkaufsstellen

(1) Verkaufsstellen im Sinne dieses Gesetzes sind

1. Ladengeschäfte aller Art, Apotheken, Tankstellen und Bahnhofsverkaufsstellen,
2. sonstige Verkaufsstände und -buden, Kioske, Basare und ähnliche Einrichtungen, falls in ihnen ebenfalls von einer festen Stelle aus ständig Waren zum Verkauf an jedermann feilgehalten werden. Dem Feilhalten steht das Zeigen von Mustern, Proben und ähnlichem gleich, wenn Warenbestellungen in der Einrichtung entgegengenommen werden,
3. Verkaufsstellen von Genossenschaften.

(2) Zur Herbeiführung einer einheitlichen Handhabung des Gesetzes kann das Bundesministerium für Arbeit und Soziales im Einvernehmen mit dem Bundesministerium für Wirtschaft und Energie durch Rechtsverordnung mit Zustimmung des Bundesrates bestimmen, welche Einrichtungen Verkaufsstellen gemäß Absatz 1 sind.

§3 Allgemeine Ladenschlusszeiten

Verkaufsstellen müssen zu folgenden Zeiten für den geschäftlichen Verkehr mit Kunden geschlossen sein:

1. an Sonn- und Feiertagen,
2. montags bis samstags bis 6 Uhr und ab 20 Uhr,
3. am 24. Dezember, wenn dieser Tag auf einen Werktag fällt, bis 6 Uhr und ab 14 Uhr.

Verkaufsstellen für Bäckerwaren dürfen abweichend von Satz 1 den Beginn der Ladenöffnungszeit an Werktagen auf 5.30 Uhr vorverlegen. Die beim Ladenschluss anwesenden Kunden dürfen noch bedient werden.

● https://www.gesetze-im-internet.de/ladschlg/BJNR008750956.html

駅前や旧市街にはショッピングストリートが多く見られますが、日曜日や祝日には閑散としています。

解説

閉店法の制定は、1956年11月28日です (Ausfertigungsdatum: 28.11.1956)。主に労働者の保護を目的として作られたものですが、そもそもヨーロッパの多くの国々では、宗教的な観点から安息日である日曜日は休みの日とするという伝統があります。そのため、日曜日と祝日には閉店しなければならないと定められているのはもちろん、平日の20時から翌6時までの間も店を閉めておかなければなりません。しかし、2006年以降、規制緩和の動きもあって、州によっては平日や土曜日の20時以降も店を開けることができるようになりました。以下では、バイエルン州の閉店法、特に祝日の規定について見てみましょう。

訳例

閉店に関する法律

§1 小売店

(1) 本法律でいう小売店とは以下の通りである。

1. あらゆる種類の店舗、薬局、ガソリンスタンド、鉄道駅の窓口、
2. その他の販売スタンドや屋台、キオスク、市場、および固定されている場所から人々に商品を販売する場合には同様の施設。見本、標本等の展示は、商品の注文がその施設内で

受けられている場合には、販売用の商品を保有することと同一視されるものとする。

3. 協同組合の販売所。

(2) 本法律の統一的な適用を実現するために、連邦労働社会省は、連邦経済エネルギー省と合意の上、連邦議会の同意を得ることによって、どの施設が第1項に従った小売店であるかを条例で定めることができる。

§3 一般的な店舗の閉店時間

販売所は、客との仕事上のやりとりについて、以下の時間には閉店していなければならない。

1. 日曜日と祝日
2. 月曜日から土曜日までの6時以前、20時以降
3. 12月24日が休日や祝日以外である場合、6時以前、14時以降

パン製品の販売所は、§1とは異なって、平日の開店時間を5時30分に早めることが認められている。閉店時に居合わせた客には引き続きサービスを提供することができる。

読んでみよう

Ladenschluss- und Feiertagsgesetz

Alle Informationen zu den gesetzlichen Regelungen an Sonn- und Feiertagen sowie zur Beschränkung der Öffnungszeiten für den Einzelhandel.

Richtlinien zu Vergnügungsbeschränkungen an stillen Tagen

Allgemeines

Nach Art. 3 des Feiertagsgesetzes sind öffentliche Unterhaltungsveranstaltungen, die nicht dem Ernst des jeweiligen stillen Tages entsprechen, an folgenden Tagen verboten:

- Aschermittwoch
- Gründonnerstag
- Karfreitag
- Karsamstag
- Allerheiligen
- Volkstrauertag
- Buß- und Bettag
- Totensonntag
- Heiliger Abend

● https://stadt.muenchen.de/infos/ladenschluss-feiertagsesetz.html

語彙

Einzelhandel「小売業」／**Richtlinie**「方針」／**Beschränkung**「制限」／**entsprechen**「(3格)に一致する」

解説

ドイツでは、連邦州によって法律や制度が異なる地方自治が確立されています。そのため、祝祭日 (Feiertag) も州ごとに異なります。左ページの表はミュンヘンの祝祭日を指していて、その日はお店も休みになります。表にもある通り、ミュンヘンでも祝祭日の営業は禁止されていて (verboten)、特にカトリックに由来する祝祭日が多くあることがわかります。イベントを開催する場合にも規制が存在します。

表の中の祝祭日は以下の通りです。クリスマスの12月25日と26日にもお店はほとんど閉まっていますので、買い物は24日の午前中までには済ませておく必要がありそうです。

Aschermittwoch「灰の水曜日」、Gründonnerstag「聖木曜日」、Karfreitag「聖金曜日」、Karsamstag「聖土曜日（イースター直前の土曜日）」、Allerheiligen「万聖節（11月1日）」、Volkstrauertag「国民哀悼の日（第一次・第二次大戦の戦死者、ナチズムの犠牲者を敬弔するための祭日）」、Buß- und Bettag「贖罪と祈禱の日」、Totensonntag「死者の慰霊日（アドヴェント直前の日曜日）」、Heiliger Abend「クリスマス・イヴ」

訳例

閉店法・祝日法

日曜・祝日に関する法的規制および小売業の営業時間制限に関するすべての情報。

休日におけるエンターテイメント規制のガイドライン

概要：祝日法第3条により、休日の重大さにふさわしくない公的な娯楽上のイベントは、次の日には禁止されている。

灰の水曜日

聖木曜日

聖金曜日

聖土曜日（イースター直前の土曜日）

万聖節（11月1日）

国民哀悼の日（第一次・第二次大戦の戦死者、ナチズムの犠牲者を敬弔するための祭日）

贖罪と祈禱の日

死者の慰霊日（アドヴェント直前の日曜日）

クリスマス・イヴ

コラム

13

ポツダム広場

POTSDAMER PLATZ 1961

一連の写真は、ポツダム広場に関するものです。第二次世界大戦後の1949年から「再統一」(Wiedervereinigung)の日まで、ドイツは別の2つの国に分かれていました。ベルリンが1990年に再び首都になるまで、ドイツ連邦共和国(Bundesrepublik Deutschland)、つまり西ドイツの首都は、ボンでした。一方、ベルリンは、東側のみがドイツ民主共和国(Deutsche Demokratische Republik)、いわゆる東ドイツの首都となっていました。1961年から1989年までは、「ベルリンの壁」(Berliner Mauer)が東西地域を隔てていました。現在もこの壁の一部が残されていて、左上のポストカードのように壁のかけらが販売されたりもしています。最も長く残されている壁の部分は「イーストサイドギャラリー」ですが、ポツダム広場にもまた多くのモニュメントが建てられています。毎年2月にはベルリン国際映画祭、通称Berlinaleが開催されます。右ページ上の写真はポツダム広場にある「ソニーセンター」の内部で、大きく映画祭の横断幕が掲げられています。

IMAX
berlinale

DEUTSCHE
DEMOKRATISCHE
REPUBLIK

23 ドイツ語の契約書

部屋を借りる

留学や仕事などで現地に住むとしたら、まずは住居を探さなければいけません。この課では賃貸契約書を見てみましょう。後でトラブルが起きないように、何を確認しておかなければならないでしょうか。

読んでみよう

MIETVERTRAG FÜR EINZELZIMMER MÖBLIERT

Vertragsparteien

Vermieterin:	ETH Zürich, Infrastrukturbereich Immobilien, Kreuzplatz 5, 8032 Zürich
Vertreten durch:	WOKO Studentische Wohngenossenschaft, Sonneggstrasse 63, 8006 Zürich
Mieter/in:	███████

Objekt und Liegenschaft

Liegenschaft:	Sonneggstrasse 23, 8006 Zürich
Mietobjekt:	Einzelzimmer möbliert, Sonneggstrasse 23/Nr. 5/1. Stock
Amtliche Wohnungsnr.:	999
Nebenräume:	Balkon.
Mitbenützung:	Wohnküche, Dusche/WC, Bad/WC, Waschküche.

Mietbeginn und Kündigungsbestimmungen

Mietbeginn am:	01.09.2014, 12 Uhr mittags)
Mietende am:	31.08.2015, 12 Uhr mittags
Mietdauer:	Die Mindestmietdauer beträgt 6 Monate. Die maximale Mietdauer bei der WOKO ist auf 8 Jahre begrenzt.
Kündigungsbestimmung:	Kündigung möglich mit zweimonatiger Kündigungsfrist auf Ende jeden Monats, ausgenommen auf Ende Dezember. Im Oktober bis November eingehende Kündigungen gelten per Ende Januar.

Mietzins

Vorheriger Mietzins:	CHF 540.00
Total Mietzins brutto:	CHF 540.00

Zahlbar monatlich im Voraus auf den Ersten des Monats.

Sicherheitsleistungen

Die Kaution beträgt: CHF 600.00

Die Kaution ist zahlbar an die Vermieterin.

Mahn- und Inkassogebühren

Umtriebskosten bei Mahnung wegen verspäteter Mietzinszahlung: **CHF 25.-**.

Umtriebskosten bei unerlaubter Untervermietung oder nicht bewilligtem Zimmerwechsel: **CHF 100.-**.

Besondere Vereinbarungen

> Im Mietzins inbegriffen sind Heizung, Strom, Gas, Wasser, Abwasser, Kehrichtgrundgebühr, Hauswartung, Verwaltung. Internet: Kostenloser Anschluss (WLAN). TV/Radio: Kein Anschluss. Telefon: Kein Anschluss.

> Die dem/der Mieter/in ausgehändigten und von den Parteien ausdrücklich anerkannten Hausordnung und Hausinfo sind integrierender Bestandteil dieses Mietvertrages.

語彙

Mietvertrag「賃貸借契約」／**möblieren**「家具を備えつける」／**Immobile**「不動産、固定資産」／**Vermieter**「貸主」／**Kündigung**「解約告知」／**Mietzins**「賃貸料、家賃」／**brutto**「全部で､総計で」／**Kaution**「保証金」／**Umtriebskosten**「手数料」／**Mahnung**「警告、督促」／**Inkasso**「取り立て、徴収」／**inbegriffen**「含まれている、加算されている」

解説

日本でも部屋を契約するときには、身分証が必要だったり保証人を探したり、いろいろと書類作成のための準備が大変です。この書類は、「家具付き一人部屋」(Einzelzimmer möbliert) の契約書です。ドイツ語圏では、単身者が部屋を探すときにはWG (Wohngemeinschaft) と呼ばれる居住形式が一般的です。簡単に説明すると、数人で一つの住居を共有する「ルームシェア」のようなスタイルで、一人ずつ部屋が割り当てられており、キッチン (Wohnküche)、お風呂 (Bad)、シャワー（Dusche)、トイレ（WCもしくはToilette）などを共用するのが通例です。日本では、大都市であっても設備や築年数にこだわらなければ、リーズナブルなシングルルームを探すのはそれほど難しくありません。しかし、ミュンヘンやチューリヒ、ウィーンなどの中心部では高額な物件が多く、手頃な部屋を見つけるのは非常に困難なため、学生たちの多くは大学などの仲介を通してWGを探します。さらに、契約の途中で部屋を出る場合には、Nachmieter「自分の後に入ってくる人」やUntermieter「(契約期間中）また借りする人」を自分で探さなければならないこともあります。

契約書の内容を見ていきましょう。Mieter/in「借主」とVermieter/in「貸主」の対語は重要です。動詞ではそれぞれmieten「借りる」とvermieten「貸す」になりますね。ver- の付くvermietenは非分離動詞です。「場所、住所」(Liegenschaft) を確認して、さらに「貸物件」(Mietobjekt) のところを見ると、1. Stock「1階」とありますが、日本の階数の数え方では2階になります。日本の建物で言うところの1階は、Erdgeschossと呼びます。Kücheはキッチンのことで、Wohnkücheはここでは共同のキッチンです。同じように-kücheがついていますが、Waschkücheは洗濯場のことですね。解約の定めによれば、2か月前の月末までには解約を通知する必要があるようです。Mietzinsは家賃のことですが、ドイツ北中部ではMieteをよく使います。保証金 (Kaution) は、日本と同様に必要です。家賃の支払いが遅れたときには手数料 (Umtriebskosten) がかかるようです。wegenは「～であるという理由で、～のために」という意味の前置詞ですね。基本的には2格支配ですが、話しことばでは3格支配となることも多くあります。「特記事項」(Besondere Vereinbarung) にも記載されていますが、日本では個別に契約しなければならないことが多い電気 (Strom)・ガス (Gas)・水道 (Wasser) の料金は、WGの場合には家賃に含まれていることがほとんどです。

コラム

14

FIFA本部とFIFA世界サッカー博物館

1904年にパリで設立されたFIFA「国際サッカー連盟」は、1932年からチューリヒに本部を置いています。写真を見てもわかる通り、FIFAの正式名称は、Fédération Internationale de Football Associationでフランス語です。FIFA本部のエントランスまでの道は、FIFA Strasseという名前が付けられています。

2016年には、チューリヒにFIFA World Football Museumがオープンし、下の写真のワールドカップ・トロフィーもこの博物館に置かれています。

コラム
15

カフェとアイスクリーム

左上の写真の看板には、「ようこそ」(♡(Herz)-lich Willkommen)と書いてあります。Kleine Freiheitは、直訳すると「小さな自由」という意味ですが、こちらはカフェの名前で、その名の通り、オープンカフェとなっています。Öffnungszeitenは「営業時間」のことですね。

Jetzt und hier. Mach den Kopf frei. Geniesse den Moment. Das Leben ist schön.「今ここで。心を解放して。この瞬間を楽しんで。人生は美しい」と書いてあります。

右下はコンスタンツのPanoというカフェの写真で、看板ではアイスクリームをおすすめしていますね。Hausgemachtes Eis und leckere Kuchenということなので、自家製のアイスと美味しいケーキを楽しめるようです。Zum Mitnehmen「お持ち帰り」という表現はよく使われます。Alles auch zum Mitnehmen! で「すべてお持ち帰りも可能です」ということですね。

-lich
Willkommen
Öffnungszeiten
KLEINE FREIHEIT
MO-FR 7^{45}-22^{30}
SA-SO 10^{00}-22^{30}
Jetzt und hier.
Mach den Kopf frei.
Geniesse den Moment.
Das Leben ist schön.

hausgemachtes
Pano Eis®
& leckere Kuchen
ALLES AUCH ZUM MITNEHMEN!

24 ドイツ語圏の食べ物 ❷

レシピ

Deutsch

日本でも最近ではよく見かけるようになってきた「チーズフォンデュ」(Käsefondue) は、アルプス地方の発祥とされています。スイスではどのようにフォンデュを食べるのでしょうか。材料や作り方を見てみましょう。

読んでみよう

Fondue Moitié-Moitié

Zutaten für 4 Personen

600 g	Brot
300 g	Greyerzer-Käse
300 g	Vacherin-Käse
2	Knoblauchzehen
3 dl	Weisswein
1 EL	Maizena
1	kleines Glas Kirsch
	Pfeffer, Salz, Muskat

Zeitangaben

Vorbereitung: 10 min
Kochen: 5 min

Zubereitung

Brot in Würfel schneiden. Knoblauch schälen, halbieren und das Caquelon (Fondüpfanne) innen damit einreiben. Den Käse raffeln / reiben und ins Caquelon geben. Maizena und Weisswein dazu geben und langsam unter ständigem Rühren aufkochen. Am Schluss den Kirsch dazugeben und mit Salz, Pfeffer und Muskat würzen.

Dazu Schwarztee trinken, damit es keinen Käseklumpen im Bauch gibt ☺

Bemerkung: Andere geeignete Käsesorten: Emmentaler, Appenzeller, ... Aber ja nicht Gauda-Käse!

Und natürlich kann man auch Broccoli, Kartoffeln und Ananas mit Käsefondue essen!!!

語彙

Zutat「材料」／**Knoblauch**「にんにく」／**Muskat**「ナツメグ」／**Vorbereitung** < vorbereiten「準備する」の名詞化／**schälen**「スライスする」／**einreiben**「擦り込む」／**raffeln**「(おろし金などを使って) 細かくする」／**würzen**「(香辛料で) 味付けする」

文法

●不定詞と接続法Ⅰ式

初めてドイツ語のレシピに触れると、Zubereitung「準備」のところを読んで、少し気になるところがあるかもしれません。ドイツ語の平叙文では、「動詞は常に2番目」になるはずです。それなのに、レシピの中では動詞が文末に置かれています。本文の記述方法のように、ドイツ語のレシピや説明書では、手順を「動詞の不定詞」で説明することが一般的です。英語では命令形を使用することが多いようなので、最初の一文、Brot in Würfel schneiden.「パンをサイコロ状に切ること」は、英語ならばCut the bread into cubes. のような書き方になるでしょうか。手順の説明のためには、動詞の不定詞だけでなく、接続法Ⅰ式の「要求話法」を用いることもあります。先ほどの例文は、Man schneide Brot in Würfel. と書き換えることができます。しかし、慣用的な表現以外にはこの接続法の要求話法は使われなくなってきていますので、ここでは不定詞での説明の仕方を覚えておきましょう。

解説

チーズフォンデュはスイスやフランスでは伝統的な家庭料理で、スイスでの定番はFondue moitié-moitiéです。Fondueはドイツ語でも使われますが、元々フランス語で「溶かされたもの」のこと。moitié-moitiéもまたフランス語で、「半分・半分」という意味です。

Zutaten（「材料」の複数形）を見てみましょう。主な材料は、Brot「パン」とKäse「チーズ」ですね。スイスでは、伝統的にグリュエール (Gruyère) とヴァシュラン (Vacherin) というチーズを半分ずつ入れるため、Fondue moitié-moitiéという名前がついています（他にも、エメンタールやアッペンツェッラーで代用することもあるようです）。パンにはバゲットが使われることが多く、サイコロ状の食べやすい大きさに切っておきます。ニンニクは皮を剥いて半分にしたら、Caquelon（フォンデュ鍋）の内側に擦り付けます。Caquelonはスイスフランス語の語彙ですが、元々ドイツ語の「皿、鉢」を表すKachelから借用され、ドイツ語に逆輸入された珍しい語です。Maizena「マイツェーナ」はブラジルの食品会社の名前（さらに商品名）で、ヨーロッパでよく使われるコーンスターチのことです（一般的にはMaisstärkeと言います）。ドイツ語でも、「トウモロコシ」はMaisなのでわかりやすいですね。チーズ用おろし金でグリュエールとヴァシュランを細かくして鍋に入れたら、さらにコーンスターチと白ワインを入れて、チーズが固まらないようにゆっくりかき混ぜながら煮込みます。

Zeitangabenは「日付」のことを意味することも多いですが、ここでは「所要時間」のように訳すのがよいでしょうか。調理全体に要する時間のことです。Kochzeit「料理時間」というのもよく使われる表現です。一見大変そうですが、チーズフォンデュは、Vorbereitung「下準備」とKochen「料理」を合わせても15分しかかからない非常にシンプルな料理ですね。

レシピを見ると、グリュエールとヴァシュランを合わせたチーズ600gに対して、白ワイン3dl = 300mlを入れるので、かなりたくさんワインが入っています。火を加えるとアルコール分のほとんどは蒸発しますが、お酒に弱いひとは少し注意が必要です。

準備の最後に、Dazu Schwarztee trinken, damit es keinen Käseklumpen im Bauch gibt. と書いてあります。damitは従属節を導く接続詞で、「〜するために、〜になるように」の意味になります。ここでは、..., damit es keinen Käseklumpen im Bauch gibt なので、「お腹の中にチーズの固まりがないように」、つまり「チーズがお腹の中で固ってしまわないように」ということですね。チーズフォンデュを食べるときには、一緒に（もしくは食後に）温かい紅茶などを飲むのが最適です。ちなみに、フォンデュを楽しんだ後に鍋の底にクリスピー状になって残ったチーズのことを「おばあちゃん」(Grossmutter) と呼び、この「おこげ」のようになった部分を好んで食べる人も多くいます。

何かを「切る」ときによく使う動詞はschneidenですが、レシピを読むと、schälen「皮を剥く、スライスする」、halbieren「半分にする」、raffeln「(おろし金などを使って) 細かくする」、reiben「擦る」などの複数の言い方が出てきました。

チーズフォンデュのほかにも、ドイツ語圏スイスの有名な郷土料理にZüri Gschnetzletsというものがあります。標準ドイツ語で書くと、Züricher Geschnetzeltesです。Geschnetzeltesは、

読んでみよう

Züri Gschnetzlets

Zutaten für 4 Personen

600 g Kalbsfleisch	
	Salz, Pfeffer, Mehl
	Öl zum Anbraten
Für die Sauce:	
1 EL	Butter
½	Zwiebel
200 g	Champignons
1 TL	Zitronensaft
1 dl	Weisswein
1 dl	Fleischbouillon
2 dl	Rahm
1 EL	Maizena
1 Bund	Peterli

Zeitangaben

Vorbereitung: 30 min

Zubereitung

Fleisch in mundgerechte Stücke schneiden, mit Salz und Pfeffer würzen und ein bisschen Mehl darüber streuen. In Öl auf grosser Stufe portionenweise anbraten. Das angebratene Fleisch nachher in einer Schüssel im Ofen auf 60°C warm stellen.
Zwiebeln fein hacken, Champignons waschen und in Scheiben schneiden, Peterli fein hacken.
Butter in der gleichen Bratpfanne schmelzen, die Zwiebeln dazu geben und andämpfen. Die Champignons und den Zitronensaft hinzufügen. Mit dem Weisswein ablöschen und die Flüssigkeit auf die Hälfte einkochen.
Fleischbouillon, Rahm und Maizena vorher mischen und dann zu den Champignons geben. Alles kurz aufkochen und das Fleisch hinzufügen. Nochmals erwärmen und mit Salz und Pfeffer abschmecken. Auf dem Teller anrichten und den gehackten Peterli darüber streuen.
Dazu isst man traditionellerweise Rösti (Rezept auf der nächsten Seite).

スイスドイツ語の動詞schnetzeln「細かく切る、刻む」の過去分詞geschnetzeltを使った単語、geschnetzeltes (Fleisch)「細かく刻んだ肉」のFleischを省略した形なので、Züri Gschnetzletsは「チューリヒ風刻み肉（炒め）」と訳せるでしょうか。つぎはこのZüri Gschnetzletsの作り方を見てみましょう。

Züri Gschnetzletsは、タマネギやマッシュルームと一緒に、刻んだ仔牛肉を白ワインで炒めたチューリヒの伝統料理です。

4人前に必要な材料は以下のものです。

・仔牛肉600g
・塩、コショウ、小麦粉、油（炒めるため）
ソース：
・バター 大さじ1
・タマネギ 1/2
・マッシュルーム 200g
・レモン汁 小さじ1
・白ワイン 100ml
・ブイヨン（肉）100ml
・生クリーム 200ml
・コーンスターチ 大さじ1
・パセリ 1束

チーズフォンデュのところでも出てきましたが、TLとかELとか、日本のレシピでは見慣れない記号があります。TLは、Teelöffel「ティースプーン」のことで、「小さじ」を意味します。一方、ELはEsslöffel「テーブル（スープ用）スプーン」なので、「大さじ」ということになります。

解説

肉を一口大 (mundgerechte Stücke) に切り、塩コショウを振って、少し小麦粉をふりかけます。そして、深めのフライパンを使って、肉の量に合わせて油で炒めます。その後、炒めた肉は深皿に移し替え、60度のオーブンで温めておきましょう。Zwiebel fein hackenというのがありますが、タマネギを薄く（細かく）切るということです。fein「薄い、細い」などの物のすがたを形容する語としてはganz dünnなどと言い換えることができます。さらに、物理的な意味から転じて、feinには「上質な」とか「洗練された」という意味もあり、feiner Wein「上質なワイン」のようにも使われますね。スイスドイツ語では、料理などが「おいしい」という場合にもこのfeinを使います。

タマネギだけでなく、マッシュルームも洗って薄切りにして (in Scheiben schneiden)、パセリは細かく刻んでおきましょう。

バターを（肉を炒めた）フライパンで溶かし、タマネギを加えて火を入れます。マッシュルームとレモン汁を加え、そこへ白ワインを注ぎ (ablöschen)、水分が半分くらいになるまで沸騰させます。ブイヨン、生クリーム、コーンスターチを先に混ぜておき、上のマッシュルームなどの中へ入れます。そして、軽く炒めてから肉を加え、さらに火を入れて、塩とコショウで味を整えます。最後に、皿に盛り付けて、細かくしたパセリをふりかけましょう。伝統的には、写真のように、「レシュティ（スイス風のジャガイモのガレット）」(Röschti もしくは Rösti) と一緒に食べることが多いです。

Züri Gschnetzlets のような炒め料理だけでなく、ドイツ語圏では、オーストリアの伝統料理である Wiener Schnitzel「ウィーン風シュニッツェル（もしくはウィーン風カツレツ）」は日本でも有名ですね。Schnitzel という名詞は、動詞 schnitzen「彫る、（小さなかけらに）切る」から来ています。

この課では、さまざまな「切る」に関連する動詞が出てきましたが、名詞 Stück「部分、かけら」を使った ein Stück Fleisch「一切れの肉」のような言い方や、schneiden から派生する Schnitt「切ること、切り口」、Abschnitt「段落」などの語も一緒に覚えておきましょう。

レストランでもフォンデュを食べることができます。

Wiener Schnitzel はサラダやポテトと一緒に提供され、Preiselbeere「コケモモ」のソースが添えられることもあります。

25 ドイツ語圏のデザイン ❷ ピクトグラム

Deutsch

その土地の言語がわからなくても、都市の駅や空港、観光施設などでは「記号」を頼りにしてなんとか目的地に辿り着けることがあります。鉄道利用者の利便性を高めるために、SBB (Schweizerische Bundesbahnen)「スイス連邦鉄道」は、駅の標識に使用するロゴやタイポグラフィなどを明確に規定しています。特に、駅や案内所、トイレといった施設の場所を示す「ピクトグラム」は、非常にわかりやすくデザインされています。1964年の東京オリンピックの時に日本で誕生したこの「ピクトグラム」は、実はドイツ語圏の文化にもとても縁があるものなのです。

読んでみよう

(Inter)nationale Piktogramme

Die Olympischen Spiele 1964 in Tokio waren ein Wendepunkt in der Kommunikation mittels nonverbaler Zeichensysteme. Katsumi Masaru verband in seinen Sport-Piktogrammen Geometrie und Systematisierung mit Abstraktion - und dies in einer formalen Qualität und Konsequenz die erst durch Otl Aichers Arbeit für die Olympischen Spiele 1972 in München übertroffen werden sollten.

Im Vergleich sind Bahn-Piktogramme anspruchsvoller, müssen sie doch ein wesentlich breiteres inhaltliches Spektrum abdecken. Die bereits 1963 lancierten UIC-Piktogramme wurden im Verlauf von zehn Jahren auf insgesamt 75 Motive erweitert. Obwohl dies im Rahmen von Gestaltungswettbewerben geschah, wiesen sie für manche Fachleute gestalterisch einige Schwächen auf, «die teils auf die Pionierarbeit und teils auf die Anschauungen so weit auseinanderliegender Mitgliedsverwaltungen zurückzuführen» seien. Auch die SBB verwendeten sie, obwohl ihre formale Prägnanz für Uli Huber «nicht ganz über alle Zweifel erhaben» war.

Die Arbeit der UIC weitgehend ignorierend, hatte Tel Design für Nederlandse Spoorwegen ein eigenes Piktogramm-System mit 33 Motiven geschaffen. Uli Huber war davon so sehr angetan, dass er es für die SBB übernehmen wollte. Doch Josef Müller-Brockmann votierte erfolgreich für ein SBB-eigenes Piktogramm-System und liess dabei sein früheres Engagement für einheitliche, allgemeingültige «internationale Zeichen» hinter sich.

Die insgesamt 46 Motive der SBB bildeten eine kohärente Formfamilie, die wie gefordert weitgehend ohne Worte auskam. Bei «i» (für Information) und «WC» wurden die bewährten Wortkürzel zum Piktogramm, und in einzelnen Fällen wie «Gleisnummer» oder «Taxi» mussten der Eindeutigkeit halber die Begriffe hinzugefügt werden. Bisweilen waren die seitens der SBB gewünschten Begriffskombinationen hingegen zu komplex, um als unmissverständliche Piktogramme interpretiert werden zu können - etwa der «Express-Billettschalter» oder das «Bahnreisezentrum».

Vor Ort waren jeweils mehrere Motive in einem quer über den Wegen platzierten Balken zusammenzufassen. Abweichend von den UIC-Regeln wurden Lokomotive, Bus oder Schiff konsequent seitlich dargestellt, damit sie für die intuitive räumliche Orientierung nach rechts oder nach links weisend angebracht werden konnten.

«Worte trennen, Bilder vereinen», hatte Otto Neurath 1931 in seinem seither oft zitierten Plädoyer für eine bildhafte Pädagogik unter Verwendung von Piktogrammen geschrieben. Nicht alle Bahnunternehmen teilten die Begeisterung für das drei Jahrzehnte später immer noch junge Kommunikationsmittel. Die Danske Statsbaner verzichteten auf jegliche Piktogramme, während die UIC empfahl, die Piktogramme immer mit dem entsprechenden Wort zu kombinieren. Im Ursprungsland der Eisenbahn beschränkte die British Rail ihre Piktogramme zu Beginn auf die Motive für Schliessfächer, Gepäckaufbewahrung, Telefon, Bahnhofsbuffet, Damentoilette und Herrentoilette. 1974 wurde die Auswahl zwar auf zwanzig Motive erweitert, aber im Regelfall wurden ausschliesslich die ausgeschriebenen Begriffe verwendet, und nur an grossen Bahnhöfen mit internationaler Kundschaft war die Kombination mit den entsprechenden Piktogrammen vorgesehen.

● Josef Müller-Brockmann. Fahrgastinformationssystem, Gestaltungshandbuch für die Schweizerischen Bundesbahnen. Lars Müller Publishers, 2019, S.20

語彙

et⁴ an/in ... übertreffen「〜に〜の点で勝る」／**anspruchsvoll**「要求の多い、程度が高くて難しい」／**lancieren**「世間に知らされる、発表する」／**teils ... teils ...**「一部では〜、一部では〜」／**über ... erhaben sein**「〜を超越している」／**weitgehend**「広範囲な、十分な」／**von ... angetan sein**「〜に魅了されている」／**ohne ... auskommen**「〜なしでやっていく」／**... halber**「〜のために」（2格支配）／**seitens ...**「〜の側から」（2格支配）／**vor Ort**「現場で、対面で」／**konsequent**「一貫して」／**seitlich**「わきへ、片側へ」／**anbringen**「取り付ける、装着する」／**Plädoyer**「意見表明」／**jeglicher**「各々の、どの〜も」

解説

オーストリア出身のオットー・ノイラート(Otto Neurath, 1882-1945)は、ウィーン学団(Wiener Kreis)の論理実証主義の哲学者として知られている一方で、「アイソタイプ」の考案者としても有名です。アイソタイプ(ISOTYPE)とはInternational System of Typographic Picture Educationの略で、本文にもある„Worte trennen, Bilder vereinen"「ことばは隔たりを生むが、絵は一つにさせる」という格言の通り、いかなる言語の話者でも理解できる絵、記号の創作を目指しました。ノイラートが生み出したアイソタイプの構想をグラフィックデザイナーのゲルト・アルンツ (Gerd Arntz, 1900-1988) が中心となってデザインしたと言われています。その約30年後、東京オリンピックのデザイン専門委員会委員長であった勝見勝 (1909-1983) がオリンピックの競技案内用ピクトグラムを世に送り出したのが1964年です。その8年後のミュンヘン・オリンピックでは、ドイツのグラフィックデザイナーのオトル・アイヒャー (Otl Aicher, 1922-1991) がデザイン総指揮を担当し、勝見勝のピクトグラムをさらに洗練させました。アイヒャーは、ルフトハンザ航空のブランディングやロゴデザインを担当したデザイナーとしても知られています。

駅や電車の中の標識やサインも、誰にでも瞬時に情報を伝達できるものでなければならないため、1922年に設立されたUIC「国際鉄道連合」がすでに1960年代に国際的なピクトグラムの構想を進めていました。しかし、オランダ鉄道などがUICのピクトグラムではなく別のものを採用したことなどもあり、結局スイス連邦鉄道の標識デザインには、SBBのデザイン担当者Uli Huber (1938-) によって独自のピクトグラムが採用されました。スイス鉄道が直感的にわかりやすいピクトグラムを必要とする理由には、鉄道利用者や観光客にとっての利便性だけでなくもう一つの理由があります。それは複数ある公用語の問題です。駅の案内を多言語表記で表示する場合には、単純な情報伝達であっても、ともすれば煩雑になってしまいます。4つの公用語を持つスイスでは、このような理由から、ピクトグラムのデザインやタイポグラフィに細心の注意を払う必要があったのです。SBBのピクトグラムの数も徐々に増えていき、現在では130を超えるそうです。また、標識に使用される書体には、1957年にスイスで生まれ、世界中で親しまれているHelvetica「ヘルベチカ」が使用されることがほとんどでしたが、

2016年には、Helveticaをベースにして、より視認性を高めたスイス連邦鉄道オリジナルのSBB Fontが導入されました。

右の写真に示されているのは、スイスのビール／ビエンヌ (Biel/Bienne) の駅にある看板です。タクシーやバス、船といった乗り物のピクトグラムの進行方向が矢印と同じ向き（タクシーやバスは左、船は右）になっていることがわかります。また、ビールはドイツ語とフランス語が使用されるバイリンガルの街なので、両言語が併記されています。ちなみに、同じバイリンガル都市でも、ドイツ語話者の方がやや多いビールではドイツ語が上（もしくは前）に書かれ、フランス語が優勢なフリブール／フライブルク (Fribourg/Freiburg) ではフランス語が先に来ます。ホームの番号表記もGleis 2（ドイツ語）からVoie 11（フランス語）のように2言語表記です。ノイラートの格言の通り、案内には「レシュティの溝」が現れてこないのは、ピクトグラムのおかげかもしれません（コラム16参照）。看板左上のP+RというのはPark + Railの略記で、駅に駐車してそこからさらに電車で移動する「パークアンドライド」ができる場所を示しています。

訳例

国際的（あるいは国内の）ピクトグラム

1964年の東京オリンピックは、非言語的な記号システムによるコミュニケーションの転機となった。勝見勝は、自身のスポーツピクトグラムにおいて、幾何学と体系化を抽象性と組み合わせた。これは、形式的な質と一貫性を達成した1972年のミュンヘン・オリンピックにおけるオトル・アイヒャーの作品に匹敵するほどのものである。

それに比べて、はるかに広範囲の内容をカバーしなければならないため、鉄道のピクトグラムはさらに高度で難しい。1963年にすでに誕生していた国際鉄道連合 (UIC) ピクトグラムには、10年かけて75のモチーフが追加されていった。デザインコンペで選ばれたとはいえ、専門家の中には「先駆的な仕事であることと、管理する者の視点が多岐にわたってしまう」というように、デザイン上の弱点を指摘する者もいた。スイス連邦鉄道 (SBB) もまた同様にUICを使用してはいたが、Uli Huberも、その形式的な簡潔さについては「すべての疑いを払拭できたわけではない」としていた。

UICの仕事をほとんど無視して、Telデザインはオランダ鉄道 (Nederlandse Spoorwegen) のために33のモチーフからなる独自のピクトグラムシステムを作り上げた。それをUli Huberが気に入り、SBBに採用しようとした。ところが、Josef Müller-Brockmannは、SBB独自のピクトグラムシステムを作ることに賛意を示し、国際的に通用する統一的な「国際記号」へのこだわりを捨てたのである。

SBBの合計46のモチーフは、一貫した形のファミリーを形成し、要求されていた通り、ことばをほとんど使わないで済むものであった。インフォメーションの «i» やトイレの «WC» などについては、すでに定着している略語がピクトグラムとなり、「ホームの番号」(Gleisnummer) や「タクシー」(Taxi) のように、わかりやすくするために用語を加えなければならないケースもある。しかし、「エクスプレス・チケット・カウンター」や「鉄道旅行センター」のように、一義的なピクトグラムとして解釈されうるためには、SBB側から要求された概念のコンビネーションが複雑すぎるものもあったため、ピクトグラムとして明確に表現できない場合もあった。

現場では、複数のモチーフに対しては、人々の通る頭上にバーが組み合わされることになった。また、UICのルールとは異なり、機関車やバス、船は必ず横向きで表現し、直感的に空間な方向がわかるように右向き、左向きに取り付けられるようにした。

1931年、オットー・ノイラート (Otto Neurath) は、「ことばは隔たりを生むが、絵は一つにさせる」と書き、ピクトグラムを使った教育法を提唱し、大きな反響を呼んだ。しかし、その30年後でもなお新鮮であったピクトグラムによるコミュニケーション手法に、すべての鉄道会社が共感していたわけではない。デンマーク国鉄 (Danske Statsbaner) はピクトグラムを使わず、一方、UICはピクトグラムとそれに対応する単語を常に組み合わせて使うことを推奨していた。鉄道発祥の国では、イギリス国鉄は当初、ピクトグラムをコインロッカー、手荷物一時預かり所、電話、駅の簡易食堂、女子トイレ、男子トイレをモチーフにしたものに限定していた。1974年には20のモチーフに拡大されたが、原則として文字化されたものが使用され、国際的な旅客を抱える主要駅にのみ、対応するピクトグラムが組み合わせられることになった。

Fribourg / Freiburgの駅の看板

第3部 深める

コラム

16

「レシュティの溝」にある看板

本文の中でも触れましたが、レシュティはドイツ語圏のジャガイモ料理で、かつてはフランス語圏ではあまり食されることがありませんでした。そのため、ドイツ語圏とフランス語圏の間にある、生活習慣や思考スタイルの差異を表すときに「レシュティの溝」(Röstigraben) という表現を使うことがあります。上の写真はVelo abstellen verboten「自転車駐輪禁止」の注意書きです。2言語表記であるだけでなく、自転車を表す単語にはフランス語から借用されたVeloが使われています。ドイツのドイツ語では、Fahrradが一般的です。バイリンガル地域では、フリーペーパーの20 Minutenは、独仏両言語で発行されています。フリブール (Fribourg/Freiburg im Üechtland) には、アーレ川の支流であるザーネ川が流れていて、伝統的にはこの川を独仏語圏の境界としていたようです。路地の名前であり、サンタクロースのモデルと言われているSankt Niklaus (Saint Nicolas) はフリブールの守護聖人でもあります。

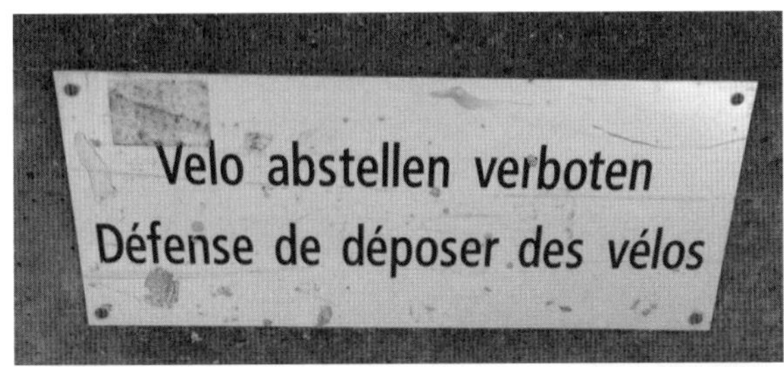
Velo abstellen verboten
Défense de déposer des vélos

Ruelle
Saint-Nicolas
Sankt-Niklaus-Gässchen

20
minuten
Deutsch
Français

コラム
17

誕生日を祝う

ドイツ語圏の多くの地域では、誕生日よりも前に誕生日を祝うことが避けられます。いわゆる迷信(Aberglaube)ではあるのですが、誕生日前にお祝いのことばをかけたり、プレゼントを渡したりすることは不幸を招くとされています。そのため、たとえば、誕生日のある週末の日曜日に会えないからと金曜日に「おめでとう」と伝えたならば、怪訝な顔をされることもしばしばあります。この迷信が信じられている理由は諸説あるそうですが、次のような説明があります。ドイツ語には、„Man soll den Tag nicht vor dem Abend loben."「晩にならないうちに、その日を褒めてはいけない」という格言があり、これはつまり、一寸先は闇、これからのことはまったく予測できないというような意味です。この格言はさらに、„Rühme dich nicht des morgigen Tages; denn du weißt nicht, was der Tag bringt."(Sprüche 27, 1-7)「明日のことを誇ってはならない。その日が何をもたらすかわからないから」という聖書の箴言に由来するそうです。

誕生日前のお祝いには例外があり、誕生日の前日から誕生日当日にかけてお祝いをする、つまり夜通し祝う(reinfeiern)ことはまったく問題がないようです。Handwörterbuch des deutschen Aberglaubens『ドイツ語迷信中辞典』によると、他にも誕生日にまつわる迷信はいくつかあり、„Träume in der Geburtstagnacht gehen in Erfüllung"「誕生日の夜の夢は実現する」といったものや、„Wem die Eltern und Geschwister erst am Nachmittag ihre Glückwünsche bringen, dem steht ein Unglück bevor."「両親や兄弟姉妹から誕生日の午後になる前にお祝いのことばをもらえないと不幸になる」というのもあります。いろいろ信じ始めたら際限がありませんが、ドイツでは身内の誕生日は特に忘れないようにしないといけませんね。お祝いのことばに添えて、バースデーケーキ(Geburtstagskuchen)や誕生日の贈り物(Geburtstagsgeschenk)も忘れずに。下の写真のチョコレートには、„Schön, dass es dich gibt"「君がいてくれることが素敵」と書かれています。

Schön, dass es dich gibt

手紙 ❶ 送る

26 切手の値段

「62円の値打ちしかないの？　僕のラブレター…」という歌詞で始まる歌が出たのは1993年でした。それから約30年経って、日本の手紙（国内定形郵便物）の基本料金は84円です。22円の値上げでもまだ日本の郵便料金は非常にリーズナブルなように感じますが、ドイツの郵便料金はどのくらいなのでしょうか。

1）ドイツの郵便事情

読んでみよう

BRIEF / POSTKARTE　Beispiele und Tipps　Häufige Fragen　Sonderformate

Brief　Postkarte

Formate	Preise	Maße	Gewicht	Inhaltsbeispiele
Standard	0,85 € 1) Marke drucken PayPal 2)	L: 14 - 23,5 cm3) B: 9 - 12,5 cm H: bis 0,5 cm nur Rechteckform	bis 20 g	▪ 3 DIN A4 Seiten (80g/m2) ▪ 2 Theaterkarten + Anschreiben
Kompakt	1,00 € 1) Marke drucken PayPal 2)	L: 10 - 23,5 cm3) B: 7 - 12,5 cm H: bis 1 cm nur Rechteckform	bis 50 g	▪ 8 DIN A4 Seiten (80g/m2) ▪ 5-seitiger Brief (doppelt geknickt) mit Rückumschlag ▪ Versicherungsunfallbogen (doppelt geknickt)
Groß	1,60 € 1) Marke drucken PayPal 2)	L: 10 - 35,3 cm B: 7 - 25 cm H: bis 2 cm Quadratform möglich	bis 500 g	▪ 95 DIN A4 Seiten (80g/m2) ▪ Einkommensteuererklärung ▪ Broschüre ▪ Grußkarte im quadratischen Umschlag

● https://www.deutschepost.de/de/b/brief_postkarte.html

語彙

Brief「手紙」／**Postkarte**「ポストカード」

解説

Deutsche Postの公式サイトを見ると、手紙の大きさに応じて、「標準」(Standard)、「コンパクト」(Kompakt)、「大」(Groß) の表記があります（もう一つ、「最大」Maxiというサイズもあります）。

Deutsche Postの郵便ポスト

それぞれ値段や送付できるものを見てみましょう。「標準サイズ」は、0.85ユーロで、大きさ(Maße) はL: 14-23.5cm、B: 9-12.5cm、H: bis 0.5cm と書かれています。Lは「長さ」(Länge)、Bは「幅」(Breite)、Hは「高さ」(Höhe) ですが、厚みのことですね。nur Rechteckformは「封筒の形は長方形だけに限る」ということです。重さ (Gewicht) は20グラムまで。内容物の例(Inhaltsbeispiele) には、3 DIN A4 Seitenとあります。DIN (Deutsches Institut für Normung) の規格に則ったA4サイズ (210 mm x 297 mm) を3枚封入できるということになります。DINは「タイポグラフィ」についての話でも出てきました。ドイツのデザインや工業製品などの多くは、このDINの規格に従って決められています。他の例には、劇場のチケット2枚 (2 Thaterkarten) と送り状 (Anschreiben) ということなので、Standardはかなりミニマムなサイズです。「コンパクトサイズ」は1ユーロで、たとえば、手紙5枚と返信用封筒 (5-seitiger Brief mit Rückumschlag) を送付することができます。doppelt geknicktというのは、文字通り訳せば「二重に（2回）折られている」ということなので、日本語で言うと「三つ折り」ということになりますね。他にも、Versicherungsunfallbogen（保険事故の用紙）を入れたりします。「大」サイズは1.6ユーロで500グラムまで入るので、手紙だけでなく、「所得税申告書」(Einkommensteuererklärung) や「パンフレット」(Broschüre)を送付するときにも使えます。また、Quadratform möglichという記載の通り、「正方形の封筒に入れたグリーティングカード」(Grußkarte im quadratischen Umschlag) を送りたいときにはこちらのサイズを使いましょう。

2) オーストリアの郵便事情

読んでみよう

Brief

Sie können zwischen zwei verschiedenen Briefprodukten wählen:

- **PRIO**: für raschen Versand und Zustellung in E+1 (Zustellung am nächsten Werktag, ausgenommen Samstag)
- **ECO**: für weniger zeitsensible Aussendungen (Zustellung nach 2 bzw. 3 Werktagen, ausgenommen Samstag)

Die Aufgabe von handschriftlich beschrifteten Briefsendungen ist für Privatkund*innen bis max. 300 Stück möglich.

Die Tarife sind umsatzsteuerfrei im Rahmen des Universaldienstes.

Produkt	Max. Format	Gewicht	Zustellung in den Postkasten	PRIO	ECO
S	L 235 mm x B162 mm x H 5 mm	bis 20 g	ja	0,85	0,81
M	L 235 mm x B 162 mm x H 5 mm	> 20 bis 75 g	ja	1,35	1,30

● https://www.post.at/p/c/brief-tarife#314577135

語彙

Versand「発送」／**Zustellung**「配達」／**Werktag**「営業日」／**zeitsensible**「時間的制約のある」／**Postkasten**「郵便ポスト、郵便受け」

解説

ドイツの郵便料金はそれほど高くないことがわかりましたが、オーストリアの郵便事情はどうでしょうか。オーストリアでは、配達日数に応じてPRIOとECOという2つの選択肢があるようです。PRIOの郵便は、即日発送され、土曜日の発送を除いて翌日には配達されます。E+1というのは、「発送日＋1営業日」(Einwurftag＋1 Werktag)の略記です。ECOでは、あまり時間的制約のない郵送物のために用いられ、配達には2, 3日かかります。また、大きさについてはSとMの2つのサイズで、値段もドイツとそれほど変わりないようです。

3) スイスの郵便事情

読んでみよう

Der Schnelle A-Post Zustellung am nächsten Werktag, auch samstags. → Mehr erfahren	**Der Günstige** B-Post Zustellung in maximal 3 Werktagen, von Montag bis Freitag. → Mehr erfahren
Preise Standardbrief (bis B5)[1] bis 25 x 17,6 cm, bis 2 cm dick[2] 1-100 g **1.10**	**Preise Standardbrief (bis B5)**[1] bis 25 x 17,6 cm, bis 2 cm dick[2] 1-100 g **0.90**
Preise Midibrief (bis B5)[1] bis 25 x 17,6 cm, bis 2 cm dick[2] 101-250 g **1.40**	**Preise Midibrief (bis B5)**[1] bis 25 x 17,6 cm, bis 2 cm dick[2] 101-250 g **1.15**
Preise Grossbrief (bis B4)[1] 35,3 x 25 cm, max. 2 cm dick 1-500 g **2.10** / 501-1000 g **4.10**	**Preise Grossbrief (bis B4)**[1] 35,3 x 25 cm, max. 2 cm dick 1-500 g **1.85** / 501-1000 g **3.65**

1 Alle Preise in CHF, inkl. MWST

2 Bei einer Dicke von über 2 und bis 5 cm wird ein Zuschlag von CHF 1.50 verrechnet.

● https://www.post.ch/de/briefe-versenden/briefe-schweiz

語彙

dick「厚い、(〜の) 厚さの」／**MWST** < Mehrwertsteuer「付加価値税」／**Zuschlag**「割増」／**verrechnen**「差引勘定する」

解説

最後に、スイスの郵便 (Die Post) も見てみましょう。オーストリアと同様に、スイスの郵便も配達日数の違いによって、Der Schnelle (A-Post)「速達」と Der Günstige (B-Post)「エコノミー」

に区分されています。スイスの郵便局はもちろんユーロではなくスイスフラン (CHF) での記載で、最も安い郵便料金でも0.9フランなので、ドイツやオーストリアに比べて若干高い料金設定となっているでしょうか。それでも物価の違いなどを考慮すれば、重要なインフラである郵便の価格は、ドイツ語圏の国々も日本とそれほど変わりはなく、低めに設定されているようです。

また、スイスの郵便局に特徴的なのは、日用品を買うことができたり、小さなスーパーが併設されていたりする支店があるところです。スイスでは伝統的に、郵便局は郵便の配達業務だけでなく、Markt（市場）としての機能も担ってきました。そのため、標準ドイツ語で「買い物をする」と言う場合には分離動詞のeinkaufenをよく用いますが、スイスドイツ語では名詞Poscht（標準ドイツ語ではPost）「郵便局」から派生したposchtäもしくはposchte（標準ドイツ語でそのまま訳すとposten）が使われます。

「大切なものはすべて、ポストにある」

27 手紙❷ 書く

大切な人への返事

Deutsch

郵便物の値段を確認したら、実際に書かれた手紙を読んでみましょう。今も昔も手紙によって伝わる親しみは変わりません。

読んでみよう

20. 9. (19)20

Lieber Russell,

Dank' Dir für Deinen lieben Brief! Ich habe jetzt eine Anstellung bekommen; und zwar als Volksschullehrer in einem der kleinsten Dörfer; es heißt Trattenbach und liegt 4 Stunden südlich von Wien im Gebirge. Es dürfte wohl das erste mal sein, daß der Volksschullehrer von Trattenbach mit einem Universitätsprofessor in Peking korrespondiert. Wie geht es Dir und was trägst Du vor? Philosophie? Dann wollte ich, ich könnte zuhören und dann mit Dir streiten. Ich war bis vor kurzem schrecklich bedrückt und lebensmüde, jetzt aber bin ich etwas hoffnungsvoller und jetzt hoffe ich auch, daß wir uns wiedersehen werden.

Gott mit Dir! Und sei herzlichst gegrüßt von Deinem treuen

Ludwig Wittgenstein

Meine Adresse ist:
L. W. Lehrer,
Trattenbach bei Kirchberg am Wechsel
Nieder-Österreich

● L. Wittgenstein, *Letters to Russell, Keynes, and Moore*. Basil Blackwell, 1974, p.92

語彙

Anstellung「勤め先、職」／**mit ... korrespondieren**「〜と文通する」／**vor kurzem**「最近まで」

解説

この手紙は、第2部でも触れたルートヴィヒ・ウィトゲンシュタインがイギリスの哲学者バートランド・ラッセル (Bertrand Russell, 1872-1970) に宛てた手紙です。ラッセルはウィトゲンシュタインよりも12歳ほど年長ですが、Lieber... といった呼びかけ方 (Anrede) やラッセルをduと呼んでいる (duzen) ことからも、二人が親しい間柄であったことがわかります。手紙の冒頭の呼びかけであるAnredeは、相手が女性や複数の人々であればLiebe、一人の男性であればLieberとするのが一般的です。Sieで呼びかける相手の場合、Liebeよりも丁重な書き方で、Sehr geehrte Frau ... やSehr geehrter Herr ... のような形が使われます。不特定多数の人々に送る場合には、Sehr geehrte Damen und Herrenとします。また、「教授」(Professor) や「博士」(Dr.) などの職位を一緒に添えることもよくあります。

母語であってもそうかもしれませんが、手紙やメールで想いを上手に伝えるのは案外難しいものですね。外国語であればなおさらです。書き出しから考え込んでしまうこともよくありますが、手紙にもメールにも定型文があります。日本語でも、「〜へ」「この前の手紙をありがとう」「〜より」のような表現や、もう少し改まった文章を書きたいならば、「〜様」や「拝啓」「敬具」を使ったり、季語を入れたりしますね。本文でも、„Dank' Dir für Deinen lieben Brief!"というように、まずは相手が手紙をくれたことにお礼を述べています。

手紙への感謝を伝えたら、つぎは近況報告です。第2部でも少し説明しましたが、『論理哲学論考』を書いた後、ウィトゲンシュタインはオーストリアの山村Trattenbachにある小学校教師の職を得ます。Trattenbachは、ウィーンから南に90キロメートルほどのところにあります。1920年当時、ラッセルは北京大学で客員教授として教鞭を執っており、それと絡めて「この村で北京の大学教授と文通しているのは私が初めてに違いない」と少し冗談めかして書いています。

北京大学にいるラッセルに対して、„Wie geht es Dir und was trägst Du vor? Philosophie?"「元気ですか？　何の講義をしているの？　哲学？」と聞いています。元気かどうか尋ねる決まり文句には、ここにある通り、Wie geht es Ihnen/dir? が一般的です（最近では手紙やメールでも、du/dein/dir/dichなどと小文字で書かれることが多いです）。これに加えて、日常的にはGeht's dir gut? などもよく使われ、かなりくだけた表現ではWas geht? のようなものも使われます。地域的なヴァリエーションとして、スイスでは、Isch guet?（直訳するとIst gut?）のような言い方もあります。... und jetzt hoffe ich auch, daß wir uns wiedersehen werden「今僕がさらに願っているのは君と再会することだ」のように、実際に会いたいことを伝えるのは重要ですね。他にも、接続法II式を使って、„Es wäre sehr schön, wenn wir uns wiedersehen könnten."「もう一度お目にかかれたら嬉しいです」のような表現もよく使います。最後の„Gott mit Dir! Und sei herzlichst gegrüßt von Deinem treuen..."「神とともにあらんことを。君の親愛なる … より心からの愛を込めて」は、若干古めかしいところもありますが、まだ手紙などでは使用することもあるかもしれません。現代では、手紙やメールの締めくくりには、„Liebe Grüße" „Lieber Gruß", „Alles Gute" „Herzlich"の表現などがよく使われます。ややオフィシャルな場合には、„Beste Grüße", „Mit herzlichen Grüßen" „Mit freundlichen Grüßen"もあります。

訳例

1920年9月20日

ラッセルへ

心のこもった手紙をありがとう。ウィーンから南へ4時間、山間にある小さな村の一つ、トラッテンバッハというところで、小学校の先生の仕事をすることになりました。トラッテンバッハの小学校の先生が北京の大学教授と文通するのは、おそらくこれが初めてのことでしょう。元気ですか？　何の講義をしているの？　哲学？だとしたら、聴講して、それから君と議論したいのに。最近までひどく落ち込み、人生に疲れていました。でも今は少し希望が持てるようになり、今僕がもう一つ願っているのは君と再会することです。

神とともにあれ。そして、君の親愛なるルートヴィヒ・ウィトゲンシュタインより心からの挨拶を送ります。

私の住所は以下の通りです。

L. W. (Ludwig Wittgenstein) 教師

Trattenbach bei Kirchberg am Wechsel

Nieder-Österreich

ウィトゲンシュタインが生前に出版した著作『小学生のための辞典』と『論理哲学論考』

コラム

18

ヘーゲル博物館

カントやフィヒテ、シェリングと並び、ドイツ観念論の代表的な哲学者であるゲオルク・ヴィルヘルム・フリードリヒ・ヘーゲル（Georg Wilhelm Friedrich Hegel, 1770-1831）は、48歳でベルリン大学の正教授となり、それからこの世を去るまでベルリンで過ごしました。上の絵は、ベルリン国立博物館（Alte Nationalgalerie）に所蔵されているもので、死の直前の1831年に描かれました。ベルリン大学だけでなく、イェーナ大学やハイデルベルク大学でも教鞭を執ったヘーゲルですが、生まれたのは南ドイツのシュトゥットガルトです。シュトゥットガルトにある生家は、下の写真のとおり、ヘーゲル博物館（Museum Hegelhaus）になっています。壁の垂れ幕には、授業を聴講していたハインリッヒ・ハイネが書き留めたヘーゲルのことばが選ばれています。

Alles was ist, ist vernünftig.

「存在するものはすべて理性的である」

この引用句と同様に、法則に支配されたこの世界を、事物ではなく理性（Vernunft）の現れであると理解するヘーゲル哲学を端的に表すことばとして、『法の哲学』の前書きにある以下のフレーズがよく知られています。

Was vernünftig ist, das ist wirklich; und was wirklich ist, das ist vernünftig.

「理性的なものは現実的であり、現実的なものは理性的である」

„Alles
was ist,
ist
vernünftig"
MUSEUM
HEGELHAUS

28 ドイツ語圏の文学

アルプスの少女ハイジ

Deutsch

「アルプスの少女ハイジ」として、日本でも有名な主人公ハイジ。この作品のオリジナルは、『ハイジの修行・遍歴時代』(Heidis Lehr- und Wanderjahre) と『ハイジは習ったことを生かすことができる』(Heidi kann brauchen, was es gelernt hat) の2巻本として、ヨハンナ・シュピーリ (Johanna Spyri, 1821-1901) というスイスの小説家によってドイツ語で書かれました。翻訳では、この2つを合わせて『ハイジ』と呼ぶのが通例です。アニメや翻訳小説を通して、日本でもこのスイス・アルプスのストーリーはよく知られていますね。ハイジは幼いころに両親を亡くし、おばのデーテと暮らしていましたが、デーテがフランクフルトに出稼ぎに行くことになり、ハイジはおじいさんのところに預けられます。

読んでみよう

Beim Großvater

»Recht so; du weißt dir zu helfen; aber wo willst du sitzen?« Auf dem einzigen Stuhl saß der Großvater selbst. Heidi schoss pfeilschnell zum Herd hin, brachte den kleinen Dreifuß zurück und setzte sich drauf.

»Einen Sitz hast du wenigstens, das ist wahr, nur ein wenig weit unten«, sagte der Großvater; »aber von meinem Stuhl wärst auch zu kurz, auf den Tisch zu langen; jetzt musst aber einmal etwas haben, so komm!« Damit stand er auf, füllte das Schüsselchen mit Milch, stellte es auf den Stuhl und rückte den ganz nah an den Dreifuß hin, so dass das Heidi nun einen Tisch vor sich hatte. Der Großvater legte ein großes Stück Brot und ein Stück von dem goldenen Käse darauf und sagte: »Jetzt iss!« Er selbst setzte sich nun auf die Ecke des Tisches und begann sein Mittagsmahl. Heidi ergriff sein Schüsselchen und trank und trank ohne Aufenthalt, denn der ganze Durst seiner langen Reise war ihm wieder aufgestiegen. Jetzt tat es einen langen Atemzug – denn im Eifer des Trinkens hatte es lange den Atem nicht holen können – und stellte sein Schüsselchen hin.
»Gefällt dir die Milch?«, fragte der Großvater.
»Ich habe noch gar nie so gute Milch getrunken«, antwortete Heidi.

● Johanna Spyri. Heidi's Lehr- und Wanderjahre. Friedrich Andreas Perthes, 1880, S.26.（現在の正書法に従って修正している箇所がある。以下同様）

語彙

pfeilschnell「矢のように速い」／**Herd**「かまど」／**Schüsselchen** < Schüssel「深皿、ボール」／**hinrücken**「～を動かす、押しやる」／**ohne Aufenthalt**「休むことなく」／**im Eifer...**「～に熱中して」

文法

1. 前置詞の格支配

ドイツ語の前置詞は、セットになって使用される名詞句や人称代名詞の格が定まっていて、そのことを「前置詞の格支配」と呼びます。たとえば、bei「～で、～のところで」は3格のみを取る前置詞ですので、『ハイジ』の章のタイトル、„Beim Großvater"「おじいさんのところで」のように名詞は3格になります。また、auf「～の上」のように、空間的な意味を持つ3格と4格の両方を取る前置詞もあります。aufはsitzen「座る」やliegen「横たわっている」などの静的な場所を表す動詞（主に自動詞）やsein動詞とともに用いられる場合には3格の名詞句や代名詞を取ります。それに対して、sich setzenもまた「座る」ことを意味しますが、主語の状態よりも動作に力点が置かれているため、前置詞aufは4格と結びつきます。日本語では、「腰を下ろす」などと訳すのが適切かもしれません。

Der Großvater sitzt auf dem Stuhl.「おじいさんは椅子に座っている。」

Der Großvater setzt sich auf die Ecke des Tisches.「おじいさんは机の角に腰を下ろす。」

Der Großvater stellt das Schüsselchen auf den Stuhl.

「おじいさんはその深皿を椅子の上に置く。」

auf ... stellen「～を～に置く」もaufは4格目的語を取っています。

2. 命令形

ドイツ語では、主語の人称に応じて、du, ihr, Sieに対する命令形の3つのパターンがあります。本文でも、おじいさんがハイジに呼びかける場面で、... so komm!「こっちへ来なさい」のようにduに対する命令形では、主語を省略して動詞の語幹のみが使われます。ただし、幹母音がeからiもしくはieに不規則に変化する動詞の場合、duの定形から現在人称変化語尾 -st（もしくは -t）を除いた形が命令形となります。おじいさんはハイジにJetzt iss!「さあ食べなさい」とパンとチーズを与えます。essenはe → i型の不規則変化の動詞ですね。また、3つのパターン以外にも、Lernen wir Deutsch!「ドイツ語を勉強しましょう」やMachen wir weiter!「先に進みましょう」のように、wirに対する命令形も日常的によく使われますので覚えておきましょう。

解説

このシーンは、ハイジが初めておじいさんの山小屋で夕食をとるところです。おじいさんはずっと一人で暮らしていたので、椅子を一脚しか持っていません。そこで、夕食の支度に取り掛かる際に、おじいさんは „... aber wo willst du sitzen?“「それじゃあどこに座るんだい？」とハイジに尋ねます。するとハイジはすぐに、キッチンのかまどのところで使っていた三脚を持ってきます。しかし、三脚ではテーブルに届かないので、おじいさんの椅子をハイジの食卓がわりに使います。

ハイジはその日、おじいさんの山小屋まで長い山道を登ってきたので、喉もカラカラでヤギのミルクを一気に飲み干します。Gefällt dir die Milch?「ミルクの味は気に入ったか？」。おじいさんがそう聞くと、ハイジはIch habe noch gar nie so gute Milch getrunken.「こんなにおいしいミルクを飲むのははじめて」と答えます。

冒頭の箇所でおじいさんは、„Recht so; du weißt dir zu helfen“「自力でなんとかするのはよいことだ」と述べています。動詞helfenは、たとえば „Meine Großmutter hilft mir.“「祖母は私を助けてくれる」のように、目的語に3格を取りますが、本文にある通り再帰動詞として用いられると「自力でなんとかする、切り抜ける」という意味になります。このおじいさんのセリフからもわかりますが、おじいさんはハイジに対してなるべく自分自身で考えて行動し、自分のことばでハイジ自身の気持ちを語るように促します。

ハイジのおじいさんの家を再現した建物
（マイエンフェルトの「ハイジ村」）

おじいさんの生活する小屋にやってきた翌日、ハイジは大きな笛の音で目を覚まします。ヤギ飼いのペーターがやってきました。ハイジはこれからアルプスで起こる出来事を考えて期待に胸を膨らませます。

読んでみよう

Auf der Weide

Heidi erwachte am frühen Morgen an einem lauten Pfiff, und als es die Augen aufschlug, kam ein goldener Schein durch das runde Loch hereingeflossen auf sein Lager und auf das Heu daneben, dass alles golden leuchtete ringsherum. Heidi schaute erstaunt um sich und wusste durchaus nicht, wo es war. Aber nun hörte es draußen des Großvaters tiefe Stimme, und jetzt kam ihm alles in den Sinn: Woher es gekommen war und dass es nun auf der Alm beim Großvater sei, nicht mehr bei der alten Ursel, die fast nichts mehr hörte und meistens fror, so dass sie immer am Küchenfenster oder am Stubenofen gesessen hatte, wo dann auch Heidi hatte verweilen müssen oder doch ganz in der Nähe, damit die Alte sehen konnte, wo es war, weil sie es nicht hören konnte.
Da war es dem Heidi manchmal zu eng drinnen, und es wäre lieber hinausgelaufen. So war es sehr froh, als es in der neuen Behausung erwachte und sich erinnerte, wie viel Neues es gestern gesehen hatte und was es heute wieder alles sehen könnte, vor allem das Schwänli und das Bärli. Heidi sprang eilig aus seinem Bett und hatte in wenig Minuten alles wieder angelegt, was es gestern getragen hatte, denn es war sehr wenig. Nun stieg es die Leiter hinunter und sprang vor die Hütte hinaus. Da stand schon der Geißenpeter mit seiner Schar, und der Großvater brachte eben Schwänli und Bärli aus dem Stall herbei, dass sie sich der Gesellschaft anschlössen. Heidi lief ihm entgegen, um ihm und den Geißen guten Tag zu sagen.

»Willst du mit auf die Weide?«, fragte der Großvater. Das war dem Heidi eben recht, es hüpfte hoch auf vor Freude.

● Johanna Spyri. Heidi's Lehr- und Wanderjahre. Friedrich Andreas Perthes, 1880, S.31-32.

語彙

hereingeflossen < hereinfließen「流れ込んでくる」／**... in den Sinn kommen**「〜の頭に浮かぶ、思いつく」／**fror** < frieren「凍える」の過去基本形／**verweilen**「過ごす」／**Behausung**「住居」／**angelegt** < anlegen「〜を身につける」／**Schar**「群れ」／**Stall**「家畜小屋」／**entgegenlaufen**「走って出迎える」

解説

ハイジが目覚めたとき、ベッドや干し草に黄金色の光が差し込んでいました。„...und als es die Augen aufschlug, kam ein goldener Schein durch das runde Loch hereingeflossen ...“のところは、kommen + 過去分詞形となっていて、太陽の光が燦々と丸い窓から流れ込んでくる様子がありありと描かれています。マイエンフェルトから長い山道を登ってきて、干し草のベッドでの深い眠りから目覚めると、ハイジは一瞬自分がどこにいるのかわかりませんでしたが、おじいさんの低い声を聞くと昨日の出来事を思い出します。

おじいさんのところに来るまで、デーテは仕事があるので、ハイジはウルゼルというおばあさんのところに預けられていました。ウルゼルおばあさんは耳が遠くなっており、いつも寒さに震えていました。そのため、ハイジはいつもおばあさんのそばでじっとしていなければなりませんでした。本文の ..., so dass sie immer am Küchenfenster oder am Stubenofen gesessen hatte, wo dann auch Heidi hatte verweilen müssen ... は文法的に少し難しいところです。woはKüchenfensterとStubenofenのところを指しており、wo以下の従属節は「そのときにはハイジもまたそこで過ごさなければならなかった...」という意味です。従属節（副文）の場合、主文で文の2番目に来るべき動詞や助動詞は本来、節の最後に来なければいけません。しかし、副文の中で話法の助動詞の現在完了形（過去完了形も）が使われるとき（ここではhatte ... müssenで、話法の助動詞の現在完了形は不定詞で代用される）には、... hatte verweilen müssen ... のように、現在完了形の助動詞 + 動詞の不定詞 + 話法の助動詞の不定詞（過去分詞形）の語順になります。ウルゼルおばあさんの部屋はハイジには狭すぎました。外へ出て走り回りたかったのです。そのため、ハイジにとっておじいさんとの新しい暮らしは心躍るものでした。

外にはペーターが待っていて、おじいさんは家畜小屋からヤギを連れてきていました。ハイジはベッドから飛び起きると、ペーターとヤギたちに

挨拶をしようと走って出迎えます。おじいさんはハイジに向かって、Willst du mit auf die Weide?「お前も一緒に牧場へ行くか？」と尋ねました。話法の助動詞を使うときには、ドイツ語では動詞は省略することができます。ここではgehenなどの移動を表す動詞を補って考えましょう。aufは3格と4格の両方を取る前置詞です。auf die Weide gehenは4格ですので、「方向」を表しています。それに対して、この課のタイトルAuf der Weide「牧場にて」では3格が使われていますので、「場所」を示していますね。

ハイジはおじいさんとヤギたち、そしてヤギ使いのペーターやペーターのおばあさんとアルプスで楽しく暮らしていました。しかし、またデーテがやってきて、今度はフランクフルトのゼーゼマン家の屋敷に連れて行かれることになり、ハイジの新しい生活が始まるのです。

読んでみよう

Ein neues Kapitel und lauter neue Dinge

»Wie heißest du?«, fragte Fräulein Rottenmeier, nachdem auch sie einige Minuten lang forschend das Kind angesehen hatte, das kein Auge von ihr verwandte.

»Heidi«, antwortete es deutlich und mit klangvoller Stimme.
»Wie? Wie? Das soll doch wohl kein christlicher Name sein? So bist du doch nicht getauft worden. Welchen Namen hast du in der Taufe erhalten?«, fragte Fräulein Rottenmeier weiter.

»Das weiß ich jetzt nicht mehr«, entgegnete Heidi.
»Ist das eine Antwort!«, bemerkte die Dame mit Kopfschütteln. »Jungfer Dete, ist das Kind einfältig oder schnippisch?«

»Mit Erlaubnis und wenn es die Dame gestattet, so will ich gern reden für das Kind, denn es ist sehr unerfahren«, sagte die Dete, nachdem sie dem Heidi heimlich einen kleinen Stoß gegeben hatte für die unpassende Antwort. »Es ist aber nicht einfältig und auch nicht schnippisch, davon weiß es gar nichts; es meint alles so, wie es redet. Aber es ist heut zum ersten Mal in einem Herrenhaus und kennt die gute Manier nicht; aber es ist willig und nicht ungelehrig, wenn die Dame wollte gütige Nachsicht haben. Es ist Adelheid getauft worden, wie seine Mutter, meine Schwester selig.«

● Johanna Spyri. Heidi's Lehr- und Wanderjahre. Friedrich Andreas Perthes, 1880, S.92-93.

語彙

verwenden「目を逸らす（上品な言葉遣いとして）」／**taufen**「洗礼を施す」／**entgegnen**「返答する」／**mit Kopfschütteln**「首を振りながら」／**einfältig**「純粋な、ばかな」／**schnippisch**「生意気な」／**mit Erlaubnis**「よろしければ、失礼ながら」／**gestatten**「～を許可する」／**unerfahren**「経験のない、未熟な」／**heimlich**「こっそり」／**Manier**「作法、マナー」／**willig**「いそいそとした、従順な」／**gütig**「善良な、慈悲深い」／**Nachsicht**「大目に見ること、寛容」／**selig**「今は亡き～」（meine Schwester selig 今は亡き私の姉：南部の用法）

読んでみよう

»Nun wohl, dies ist doch ein Name, den man sagen kann«, bemerkte Fräulein Rottenmeier. »Aber, Jungfer Dete, ich muss Ihnen doch sagen, dass mir das Kind für sein Alter sonderbar vorkommt. Ich habe Ihnen mitgeteilt, die Gespielin für Fräulein Klara müsste in ihrem Alter sein, um denselben Unterricht mit ihr zu verfolgen und überhaupt ihre Beschäftigungen zu teilen. Fräulein Klara hat das zwölfte Jahr zurückgelegt; wie alt ist das Kind?«

»Mit Erlaubnis der Dame«, fing die Dete wieder beredt an, »es war mir eben selber nicht mehr so ganz gegenwärtig, wie alt es sei; es ist wirklich ein wenig jünger, viel trifft es nicht an, ich kann's so ganz genau nicht sagen, es wird so um das zehnte Jahr, oder so noch etwas dazu sein, nehm ich an.«

»Jetzt bin ich acht, der Großvater hat's gesagt«, erklärte Heidi. Die Base stieß es wieder an, aber Heidi hatte keine Ahnung, warum, und wurde keineswegs verlegen.

»Was, erst acht Jahre alt?«, rief Fräulein Rottenmeier mit einiger Entrüstung aus. »Vier Jahre zu wenig! Was soll das geben! Und was hast du denn gelernt? Was hast du für Bücher gehabt bei deinem Unterricht?«

»Keine«, sagte Heidi.
»Wie? Was? Wie hast du denn lesen gelernt?«, fragte die Dame weiter.
»Das hab ich nicht gelernt und der Peter auch nicht«, berichtete Heidi.

»Barmherzigkeit! Du kannst nicht lesen? Du kannst wirklich nicht lesen!«, rief Fräulein Rottenmeier im höchsten Schrecken aus. »Ist es die Möglichkeit, nicht lesen! Was hast du denn aber gelernt?«
»Nichts«, sagte Heidi der Wahrheit gemäß.

● Johanna Spyri. Heidi's Lehr- und Wanderjahre. Friedrich Andreas Perthes, 1880, S.93-94.

語彙

sonderbar「風変わりな、おかしな」／**Gespielin**「遊び友だち」／**zurückgelegt** < zurücklegen「あとにする、進む」／**bereden**「協議する」／**3格 + gegenwärtig sein**「～が～のことを記憶している」／**antreten**「～を始める、～の第一歩を踏み出す」／**annehmen**「想定する」／**verlegen**「当惑した、途方に暮れた」／**Entrüstung**「憤激」／**ausrufen**「叫び声を上げる」／**Was soll das geben!**「まさかそんなことがあろうか」／**berichten**「報告する、伝える」／**Barmherzigkeit**!「ああ、おお」（間投詞）／**Schrecken**「驚き、驚愕」

文法

●分離動詞・非分離動詞

『ハイジ』には基礎動詞に前つづりを付した複合動詞がよく出てきます。複合動詞には分離動詞と非分離動詞がありますね。たとえば、..., bemerkte Fräulein Rottenmeier「ロッテンマイヤーさんは～と言った」のようにbemerkenの前つづりbe- は過去形の場合も分離できません。それに対して、Ich habe Ihnen mitgeteilt ...「私はあなた（デーテ）に～と伝えた」の動詞mitteilenは分離動詞です。「おじいさんのところ」のシーンでは、Derweilen schaute das Heidi vergnüglich um sich, entdeckte den Geißenstall, der an die Hütte angebaut war, und guckte hinein.「その間にハイジは楽しげに辺りを見回して、小屋に隣接して建てられているヤギ小屋を発見し、その中を覗き込んだ」という文もあります。ここにも複合動詞が多く見られ、entdecken「発見する」は非分離動詞であるものの、anbauen「増築する」とhineingucken「覗き込む」は分離動詞です。anbauenはangebautとなり、前つづりと基礎動詞の過去分詞形の間にge- が挿入されています。ロッテンマイヤーさんからのWelchen Namen hast du in der Taufe erhalten?「洗礼の際にはどんな名前を受け取ったのか」の質問では、動詞erhalten「もらう、受け取る」は非分離動詞で、現在完了形には前つづりが残っているのでge- は付きません。複合動詞を使うと意味的にも文章の深みが出てきます。たとえば、単におじいさんの話を「聞いている」(hören) のではなく、「注意深く耳を傾けている」(zuhören) ハイジの様子や、初めて会ったハイジを「見る」(sehen) だけではなく、「見つめる、凝視する」(ansehen) ロッテンマイヤーさんの姿は複合動詞を使うことによって、より生き生きと情景を描写できるようになります。

解説

ロッテンマイヤーさんはハイジに初めて会った際、Wie heißest du?「名前はなんて言うの」と話しかけます（heißenの2人称単数現在形は普通heißtですが、ここではheißestとなっています）。注目したいのは、ロッテンマイヤーさんがハイジに対して親称のduを使っている点です。ロッテンマイヤーさんは、デーテには一貫して敬称のSieを使っており、ハイジも初対面の相手なので、本来Wie heißen Sie?と聞くべきところです。この表現を通して、彼女がハイジを「子ども」(das Kind)、もしくは「女の子」(das Mädchen) だとみなしていることがよくわかります。原作でも、ほぼすべての箇所でハイジはdas Heidiであり、ハイジを指すときの人称代名詞は中性のesです。最初に会った時点で12歳のクララに対しては常にsieを使っているのと対照的です。

名前を聞かれて「ハイジ」とだけはっきりと答えたハイジに対して、ロッテンマイヤーさんは „Wie? Wie? Das soll doch wohl kein christlicher Name sein?“と反応して、「ハイジ」という呼称が洗礼名ではないことに戸惑うものの、ハイジという名前は亡き母のAdelheidが由来であるというデーテの説明によって一旦は落ち着きを取り戻します。ゼーゼマン家では、一緒に家庭教師の授業を受けられるように、そもそもクララと同年代の遊び相手を探していたので、ロッテンマイヤーさんはハイジが幼すぎることを問題視します。デーテもこれについてはお茶を濁して切り抜けようとしますが、ハイジが „Jetzt bin ich acht, der Großvater hat's gesagt“と答えるので、ロッテンマイヤーさんはまたもや声を上げます。最終的にロッテンマイヤーさんが一番驚くのは、8歳の時点でハイジが読み書きを覚えていないということです。19世紀末のヨーロッパでは、都市部の識字率は90パーセントを超えていたようですので、ロッテンマイヤーさんが叫び声を上げるのも無理はありません。„Das (Lesen) hab ich nicht gelernt und der Peter auch nicht“とハイジが答えていることから、この時点ではハイジ自身が読み書きを含め、いわゆる教育の必要性を認識していないことがわかります。

フランクフルトでのハイジの教育係となるロッテンマイヤーさんとアルプスのおじいさんの接し方は非常に対照的に見受けられます。ロッテンマイヤーさんは大人になるまでに必要な教養や学力、マナーを子どもたちに身につけさせることに重きを置き、それに対して、おじいさんはハイジが自ら学んで成長することを手助けします。作者のシュピーリ自身はおそらくこのどちらの重要性も理解していたようです。オリジナルの『ハイジの修行・遍歴時代』と『ハイジは学んだことを生かすことができる』というタイトルは、学びの重要性を悟り、そしてまた自分自身の力で考えて行動するハイジの姿を表しています。

訳例

おじいさんのところで

「自分で何とかしようとするのは正しい。でもどこに座るつもりなんだい」。たった一つの椅子にはおじいさん自身が座っている。ハイジは矢のような速さでかまどのところまで向かい、小さな三脚を取って戻ってきて、その上に座った。

「少なくともお前には席がある。それは正しい。ちょっとだけ下の方にあるけどな」とおじいさんは言った。「しかし、私の椅子からでも、テーブルに届くためには短すぎるだろう。やはり何か他のものをこしらえないといけない。こっちへ来なさい」。そう言って、おじいさんは立ち上がり、ボウルをミルクで満たして彼の椅子の上に置き、三脚のすぐ近くに動かしたので、今やハイジの目の前にはテーブルができあがった。おじいさんは、大きなパンと金色になったチーズをその上に置き、「さあ食べなさい」と言った。そして、自分はテーブルの端に腰を下ろして食事を始めた。ハイジは小さなボウルを手に取り、止まることなく飲み続けた。長旅からくる喉の渇きが再び湧き上がってきたのだ。それから、ハイジは大きく息を吐いた。というのも、ハイジは飲み物への渇望から、長い間呼吸することができなかったからである。そして、小さなボウルを置いた。

「ミルクは気に入ったか」とおじいさんは尋ねた。「こんなにおいしいミルクを飲むのははじめて」。ハイジは答えた。

牧場にて

ハイジは朝早く、大きな笛の音で目を覚ました。そして目を開くと、丸い穴から金色の光がベッドとそのとなりの干し草に流れ込んできて、辺り一面は金色に輝いていた。ハイジは驚いて辺りを見回したが、自分がどこにいるのか全くわからなかった。しかし今、外ではおじいさんの低い声が聞こえ、どこから来たのか、そして今はアルプスのおじいさんのところにいて、もうウルゼルおばあさんと一緒ではないということがすべて頭に浮かんできた。そのおばあさんはほとんど何も聞こえず、常に寒がっているので、いつも台所の火のところか居間の暖炉のそばに座っていた。しかも、おばあさんは耳が聞こえないので、おばあさんの目が届くように、ハイジはずっとおばあさんの近くで過ごさなければならなかった。部屋の中はハイジには狭すぎた。ハイジは外へ出て走り回りたかった。だから、新しい住まいで目を覚まし、昨日どれほどの新しいものを見て、今日もまた何か見ることができるのだろうかと考えたとき、ハイジはとても嬉しかった。特にヤギのスワンちゃんやクマちゃんのこと。ハイジは急いでベッドから飛び起きて、昨日着ていたものはとても少なかったので、瞬く間にそれらをすべて着込んだ。今度は梯子を下りて、小屋の前に飛び出した。ヤギ飼いのペーターはすでにヤギの群れと一緒に立っていて、おじいさんはスワンちゃんやクマちゃんを家畜小屋から連れてきて、仲間に入れようとするところだった。ハイジはペーターとヤギたちに挨拶をしようと走って出迎えた。

「お前も一緒に牧場に行くか」とおじいさんが尋ねた。それはハイジにはちょうどそれを待っていたように、飛び上がって喜んだ。

新しい章、新しいものごと

ロッテンマイヤーさんは、自分から目を逸らさないこの子どもの顔をしばらくの間見つめた後で、「名前はなんて言うの」と尋ねました。

「ハイジ」とはっきりと朗々とした声でハイジは答えました。

「え、何ですって。それはきっと洗礼名ではないでしょう。洗礼を受けていないということなの。洗礼の時にはどんな名前をもらったの」とロッテンマイヤーさんは立て続けに質問しました。

「それはもうわからない」。ハイジは答えた。
「何という答えでしょうか」。ロッテンマイヤーさんは頭を振りながら言いました。「デーテ、この子どもは無知なのでしょうか、それとも小生意気なのでしょうか」

ハイジの場にふさわしくない返答に対して、気付かれないようにハイジを軽く小突いてから、「お許しをいただけましたら、この子についてぜひご説明させていただきたく思います。というのも、この子は未熟者ですので」とデーテは言った。「この子は無知でも小生意気なのでもありません。そのことについて本当に何も知らないのです。すべて思った通りに話しているのです。しかしながら、今日はじめてこのようなお屋敷に来たので、正しい作法を知りません。けれども、もし好意的に寛大に扱ってくださるならば、従順で、物覚えも悪くはない子です。この子はアーデルハイトとして洗礼を受けました。この子の母であり、私の姉と同じ名前です」

「それならば、たしかに名前としてふさわしい洗礼名ということになりますね」。ロッテンマイヤーさんは言った。「しかし、デーテさん、やはりあなたに言っておかなければなりません。私には歳の割にはこの子がどうしても幼く見えるのですが。私があなたにお伝えしておいたのは、クララお嬢様の遊び相手には彼女と同じくらいの年齢である必要があるということでした。彼女と一緒に授業を受けて、そもそも彼女の身の回りのことをお手伝いするために。クララお嬢様は12歳になられたところです。この子は何歳なのでしょうか」

「発言をお許しください」とデーテはまた話し始めて、「この子がいくつになるかについては、私もあまり正確には記憶しておりません。この子はたしかに少し若いと思います。あまり経験しておりませんので。正確には言えないのですが、だいたい10歳くらいになるところでしょうか。もしくはそれよりちょっと上かと思います」

「今8歳です。おじいさんが言っていたの」とハイジは説明しました。デーテはまたもハイジを小突きましたが、ハイジはなぜだかわらず、しかも全く困惑していませんでした。

「何ですって。8歳になったところですか」とロッテンマイヤーさんはいくらか怒りを込めて叫び声を上げました。「4歳も若いではないですか。まさかそんなことがあるでしょうか。それなら何を学んできたの。授業ではどんな本を読んできたのですか」

「何ひとつ読んでいません」。ハイジは言った。
「え、何ですって。じゃあどうやって文字を読むことを覚えたの」とロッテンマイヤーさんは続けて尋ねた。

「そんなことは習っていません。ペーターも」とハイジは伝えた。

「おやおや、文字を読むことができないということなの。本当に文字がわからないということなのね」。ロッテンマイヤーさんは驚愕の叫び声を上げました。「そんなことがあり得ましょうか。文字を読むことができないなんて。じゃあ一体何を学んできたの」

「何も」ハイジは正直に答えました。

コラム
19

シュピーリ博物館

「アルプスの少女ハイジ」の生みの親であるヨハンナ・シュピーリは、チューリヒ湖沿いのヒルツェル（Hirzel）という小さな集落で生まれました。19世紀末にも汽船や馬車といった交通手段がありましたが、シュピーリは歩くのが大好きで、ヒルツェルからチューリヒまでの約20キロメートルの道のりを約4時間かけて通っていたようです。ヒルツェルにある「シュピーリ博物館」（Johanna Spyri Museum）では、シュピーリの生涯や当時のスイスやヨーロッパの文化事情を知ることができます。

ヒルツェルからさらに東へ電車で1時間くらいのところには、ハイジの舞台となったマイエンフェルト（Maienfeld）の村があります。そこにはまさにアルプスの大自然の情景が広がっていますが、作品の世界観を再現した「ハイジ村」（Heididorf）を訪れることもできます。このテーマパークでは、当時のアルプスの生活を体験できるだけではなく、ハイジに関連する作品（映画やアニメなど）の展示も鑑賞することができます。

JOHANNA SPYRI
Das Leben der Heidi-Schöpferin

Heididorf
Willkommen
Besuchen Sie das Original-Heidihaus
Welcome
Visit Heidi's House the Original
ようこそ
オリジナルのハイジの家
Benvenuti
Visitate la casa originale di Heidi

著者紹介
大喜祐太（だいぎ・ゆうた）
愛知県生まれ。チューリヒ大学研究員、日本学術振興会特別研究員（DC2）、三重大学人文学部講師・准教授を経て、現在、近畿大学総合社会学部准教授。博士（人間・環境学）。専門・関心分野はドイツ語学・スイスの地域研究。

ドイツ語の世界を読む

2023年 5月10日 第1刷発行
2024年 1月15日 第2刷発行

著 者 © 大 喜 祐 太
発行者 岩 堀 雅 己
印刷所 株式会社精興社

発行所 101-0052 東京都千代田区神田小川町3の24
電話 03-3291-7811（営業部）, 7821（編集部） 株式会社 白水社
www.hakusuisha.co.jp
乱丁・落丁本は送料小社負担にてお取り替えいたします。

振替 00190-5-33228 Printed in Japan 加瀬製本

ISBN 978-4-560-08968-2

グリム童話の原文を目と耳から楽しもう！

聞いて読む初版グリム童話

ドイツ語朗読ＣＤ付

吉原素子，吉原高志 編著

グリム兄弟が何度も手を入れてきたグリム童話．その書き換えられる前の〈初版〉をドイツ語で味わってみませんか．「白雪姫」など７編を収録．各話にはドイツ語対訳と解説が付きます．　■四六判　152 頁

ドイツ語を学び始めたあのころを思い出して

対訳 ドイツ語で読む「若きヴェルターの悩み」《CD 付》

林 久博 編著

婚約者のいる女性シャルロッテに恋をし，その想いを綴る．ゲーテの青春小説をドイツ語の原文で味わってください．朗読 CD 付．
■四六判　156 頁

原書刊行から 100 年．登頂をめざそう！

対訳 ドイツ語で読む「魔の山」《CD 付》

小黒康正 編著

トーマス・マンが主人公カストルプの７年間に及ぶ結核療養所での滞在を描く．本書は原語でこの山に挑むための登山ガイド．朗読 CD 付．　■四六判　150 頁